學術研究

基于伦理理念的民营企业绩效管理研究

JIYU LUNLI LINIAN DE
MINYING QIYE JIXIAO GUANLI
YANJIU

陈永丽 著

 西南财经大学出版社
Southwestern University of Finance & Economics Press

图书在版编目(CIP)数据

基于伦理理念的民营企业绩效管理研究/陈永丽著. —成都:西南财经大学出版社,2013.11
ISBN 978 - 7 - 5504 - 0798 - 5

Ⅰ.①基… Ⅱ.①陈… Ⅲ.①民营企业—企业绩效—企业管理—研究 Ⅳ.①F276.2

中国版本图书馆 CIP 数据核字(2012)第 196259 号

基于伦理理念的民营企业绩效管理研究

陈永丽 著

责任编辑:李霞湘
助理编辑:魏 轩
装帧设计:穆志坚
责任印制:封俊川

出版发行	西南财经大学出版社(四川省成都市光华村街 55 号)
网 址	http://www. bookcj. com
电子邮件	bookcj@ foxmail. com
邮政编码	610074
电 话	028 - 87353785 87352368
照 排	四川胜翔数码印务设计有限公司
印 刷	郫县犀浦印刷厂
成品尺寸	148mm × 210mm
印 张	7. 125
字 数	175 千字
版 次	2013 年 11 月第 1 版
印 次	2013 年 11 月第 1 次印刷
书 号	ISBN 978 - 7 - 5504 - 0798 - 5
定 价	29.80 元

目录

第一章　导论

第一节　研究背景及意义

改革开放三十多年来，伴随着我国经济的高速发展，民营经济已由"公有制经济的补充"①到"社会主义市场经济的重要组成部分"②，再到国家"鼓励、支持和引导个体私营等非公有制经济发展"③，其法律地位逐渐提升，撑起了我国经济的半壁江山［2011年上半年民营经济总量已占到国内生产总值（GDP）的50%以上］，成为我国经济发展的亮点和动力。截至2010年年底，我国个体私营企业4 298.40万户，其中：个体工商户3 452.89万户，私营企业达845.52万户。我国个体私营企业从业人员总数15 192.35万人，较2003年年底增加7 489.46万人，年均增加1 069.92万人，年均增速超过11.97%（见表

---

① 982年《中华人民共和国宪法》第11条的规定
② 1997年中国共产党第十五次全国代表大会报告
③ 2005年《关于鼓励支持和引导个体私营等非公有制经济发展的若干意见》

1-1），成为我国吸纳和扩大社会就业的主要渠道之一。①

表 1 - 1 2003—2010 年我国个体私营企业户数及增长情况

年份	私营企业户数（万户）	个体企业户数（万户）	户数总计（万户）	年增长率（%）	私营企业从业人数（万人）	个体企业从业人数（万人）	从业总人数（万人）	年增长率（%）
2003	300.55	2 353.19	2 653.74		3 409.30	4 742.90	8 152.20	—
2004	365.07	2 350.49	2 715.56	2.33	4 299.14	4 636.54	8 935.68	9.61
2005	430.09	2 463.89	2 893.99	6.57	5 017.25	4 587.11	9 604.36	7.48
2006	498.08	2 595.61	3 093.68	6.90	5 824.07	4 900.54	10 724.61	11.66
2007	551.31	2 741.53	3 292.84	6.44	6 586.30	5 159.68	11 745.97	9.52
2008	657.42	2 917.33	3 574.75	8.56	7 253.11	5 496.17	12 749.28	8.54
2009	740.15	3 197.37	3 937.52	10.15	7 903.98	5 776.41	13 680.39	7.30
2010	845.52	3 452.89	4 298.40	9.17	8 606.97	6 585.38	15 192.35	11.05

资料来源：中国统计年鉴（2004—2011 年）.

民营经济的发展有效地推进了国有企业改革。在政策环境相对宽松的条件下，民营企业由于自身所具有的产权明晰、经济利益独立特征和对"自主经营、自负盈亏、自我约束、自我发展"的市场竞争机制充分认识，在市场经济中迅速发展和壮大起来。有权威机构调查报告显示，有 6.3% 的民营企业已经兼并或收购了国有企业，有 10.2% 的民营企业正在准备兼并或收购国有企业，有 18.3% 的被调查企业是由国营、集体企业改制为民营企业的。据此推断，334 万户民营企业中约有 55 万户是改制而来的。民营企业在解决国有企业改制方面发挥了重要作用。2011 年 1～4 月，我国民间投资占到社会总投资的 57.7%，

① 李光辉，马怀礼. 中国民营经济的发展瓶颈及对策研究 [J]. 经济与管理，2011（11）

而国有及国有控股企业投资仅占社会总投资的 35.1% 。

民营企业经营规模继续扩大，解决了大部分企业下岗职工的再就业问题。2007 年年底，全国民营企业户均雇工 11.73 人，户均从业人员为 14.3 人，分别比 2001 年增长 5.68% 和 6.88% 。雇工人数为 100 ~ 500 人的有 34 617 户，雇工人数为 500 ~ 1 000 人的有 3 334 户，雇工人数在 1 000 人以上的有 1 130 户；民营企业雇用的工人中有相当一部分是下岗职工和农民工。工商局调查企业中雇用的下岗职工的中位数为 6 人，占到了总员工数的中位值（24 人）的 25.0% ，而民营企业中雇用的下岗职工的中位值为 14 人，占到了总员工数的中位值（60 人）的 23.3% ；工商局调查企业中雇用的农民工的中位数为 12 人，占到了总员工数的中位值（24 人）的 50.0% ，而民营企业中雇用的农民工人数的中位数为 30 人，占到了总员工的中位数（60 人）的 50.0% 。

以重庆为例，自重庆直辖以来，以民营企业和个体工商户为主体的民营经济取得了长足的发展，在国民经济中的地位和作用迅速提高和日益增强。根据重庆市统计年鉴，重庆市民营经济 2011 年国内生产总值（GDP）为 4 894.32 亿元，比上年增长 27.06% ，占全市国内生产总值的比重从上年的 48.60% 提高到 48.89% ，其对全市经济增长的贡献率从上年的 46.86% 提高到 49.98% （具体相关数据见表 1 - 2、图 1 - 1、图 1 - 2）。可以说，重庆市民营经济已成为全市经济增长的主要动力，占据了全市经济的半壁江山。

表 1 - 2　直辖以来重庆民营经济增加值（按 GDP 计算）

年份	增加值（亿元）	增长速度（％）	全市生产总值（亿元）	占生产总值比重（％）	对经济增长的贡献率①（％）
1996 年	286. 70		1 315. 12	21. 80	
1997 年	341. 20	19. 01	1 509. 75	22. 60	28. 00
1998 年	442. 26	29. 62	1 602. 38	27. 60	109. 10
1999 年	487. 32	10. 19	1 663. 20	29. 30	74. 09
2000 年	560. 58	15. 03	1 791. 00	31. 30	57. 32
2001 年	682. 02	21. 66	1 976. 86	34. 50	65. 34
2002 年	799. 36	17. 20	2 232. 86	35. 80	45. 84
2003 年	955. 84	19. 58	2 555. 72	37. 40	48. 47
2004 年	1 271. 49	33. 02	3 034. 58	41. 90	65. 92
2005 年	1 511. 93	18. 91	3 467. 72	43. 60	55. 51
2006 年	1 734. 81	14. 74	3 907. 23	44. 40	50. 71
2007 年	2 118. 29	22. 11	4 676. 13	45. 30	49. 87
2008 年	2 827. 31	33. 47	5 793. 66	48. 80	63. 45
2009 年	3 197. 94	13. 11	6 530. 01	48. 97	50. 33
2010 年	3 851. 89	20. 45	7 925. 58	48. 60	46. 86
2011 年	4 894. 32	27. 06	10 011. 13	48. 89	49. 98

资料来源：重庆 2011 年统计年鉴. 重庆：重庆出版社，2011.

注：本研究中的民营经济是根据重庆市非公有制经济、民营经济、中小企业、乡镇企业统计报表制度中界定的概念进行统计，即民营经济是指资产归我国内地公民私人所有的经济成分，包括私营企业、个体企业以及由它们控股的各类企业和个体工商户等经济组织。2011 年数据来源于直辖 15 年重庆市民营经济发展综述（估算）。

---

① 国家统计出版社出版的《中国统计摘要 2010》对我国三次产业贡献率的计算公式如下：经济增长贡献率 = 各产业增加值的增量／国民生产总值（GDP）的增量

　基于伦理理念的民营企业绩效管理研究

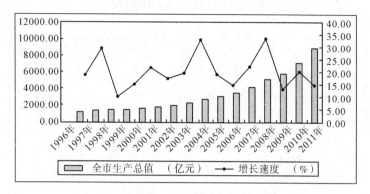

图1-1　直辖以来重庆市生产总值增长情况

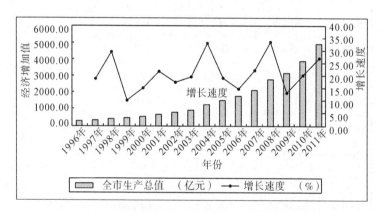

图1-2　直辖以来重庆市民营经济增加值增长情况

从民营企业提供就业岗位情况看，重庆市民营经济从业人员由1996年的208.24万人增长到2011年的628.15万人（见表1-3），年均增幅为8.28%（其增长趋势见图1-3、图1-4）。

表 1 - 3　　　重庆市民营经济从业人员统计表

单位：万人

	总就业人数	国有、集体经济从业人员	民营经济从业人员	民营经济从业人员占比(％)
1996 年	1 719.43	1 426.76	280.24	16.30
1997 年	1 715.40	1 390.10	307.29	17.91
1998 年	1 710.97	1 352.17	334.24	19.54
1999 年	1 699.06	1 313.13	354.15	20.84
2000 年	1 690.00	1 277.08	376.86	22.30
2001 年	1 680.38	1 232.03	406.86	24.21
2002 年	1 654.51	1 161.72	443.56	26.81
2003 年	1 634.77	1 097.16	479.81	29.35
2004 年	1 623.85	1 059.71	497.18	30.62
2005 年	1 611.57	1 023.89	515.08	31.96
2006 年	1 605.45	992.00	529.52	32.98
2007 年	1 620.86	946.97	570.88	35.22
2008 年	1 646.44	927.38	607.89	36.92
2009 年	1 668.83	904.61	645.66	38.69
2010 年	1 539.95	826.63	583.02	37.86
2011 年	1 585.16	778.82	628.15	39.63

资料来源：重庆市统计年鉴（1997—2012 年）．重庆：重庆出版社，2012．

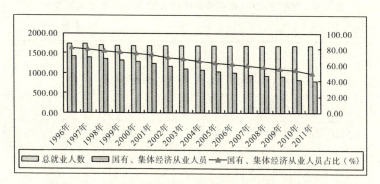

图 1 - 3　重庆市国有、集体经济从业人员及增长情况

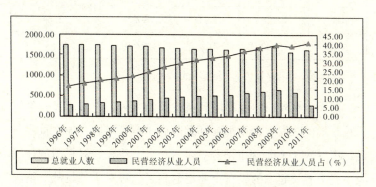

图 1 - 4　重庆市民营经济从业人员及其增长情况

从民营企业数量增长情况看，截至 2010 年年底，重庆市个体、私营企业 86.79 万户，比 2003 年净增 33.61 万户，增幅达 63.2%。其中个体工商户从 2003 年的 47.63 增加到 2010 年 71.37 万户，私营企业从 2003 年的 5.49 万户增加到 2010 年 15.42 万户。（见表 1 - 4）

表1-4 2003—2010年重庆市个体私营企业户数及增长情况

单位：万户

年份	私营	个体	总计	年增长率(%)
2003	5.49	47.69	53.18	—
2004	6.80	45.60	52.40	-1.48
2005	7.57	44.51	52.08	-0.6
2006	8.04	50.32	58.36	12.05
2007	10.03	58.49	68.52	17.41
2008	12.54	64.05	76.60	11.79
2009	14.28	72.00	86.28	12.64
2010	15.42	71.37	86.79	0.58

资料来源：中国统计年鉴（2004—2011年）.

然而，在外部发展环境日益改善的今天，重庆市民营经济无论是规模或发展程度都要远远落后于东部地区，加之世界贸易组织（WTO）框架下国际竞争者进入，使在相对封闭的环境及夹缝中成长起来的民营企业遭遇到了强势对手的挑战。重庆市民营企业仅仅依靠其灵活的经营机制，已经无法满足国际竞争环境的需要，即使是力帆、隆鑫、宗申、陶然居等重庆知名企业，也无法与如联想、TCL、沃尔玛、通用汽车、德尔福等国内外知名企业相提并论。寻求更有效地提升企业核心能力的途径已经成为重庆市民营企业持续成长的关键。

作为国民经济的重要组成部分，民营企业在优化资源配置、提高经济效益、解决就业等方面发挥着重要作用。然而，民营企业整体管理水平不高、内聚力不足、生命周期较短、信息不对称造成的伦理风险、道德风险和逆向选择等早已是不争的事实.这种"野蛮生长"造成了每年数以万计的民营企业正常或非正常"死亡"和"新生",民营企业如何才能从"野蛮生长"转向"文明生长"已经成为中国民营企业发展的关键问题。对此,国内外许多专家、学者从体制、治理机制、企业文化等不同的角度进行了深入细致的研究,得出了各自不同的结论,但仍然"治标不治本"。

当传统经济学无法解决由于市场失灵、政府失灵所带来的诸如道德风险、逆向选择、违约相依的伦理风险等问题时,国内外学者将关注的焦点集中于伦理经济研究上。伦理经济(Morality Economic)是人们以一定的伦理道德观念评判、制约和指导人们的现实的社会经济活动(许崇正,2001)。经济本身内涵着伦理价值,伦理本身应被看作是渗透于经济之中的一种经济因素。当非经济因素和经济因素被有效融合时,蕴含于经济中的伦理因素才能内生成能产生高效、良性社会生产力的特殊生产要素——伦理资本,其伦理价值才能得以充分体现,社会福利才也能得到最大限度的提高。近年来,美国管理专家对世界500强企业中的长寿企业进行调查、分析和研究发现,合乎企业伦理的经营和科学的绩效管理才是企业可持续发展的唯一法则,基于"以人为本"的企业伦理和绩效管理体系竟然是提升核心能力、实现企业战略的重要途径。企业迫切需要将企业伦理理念与企业绩效管理结合起来研究,构建一套融合企业伦理理念的企业绩效管理体系,探索出解决民营企业可持续发展滞障的新途径。本书拟在研究本学科领域发展的前沿问题和市场经济伦理假设的基础上,从伦理视角挖掘我国民营企业绩效的内生机理,解决当前制约民营经济可持续发展的伦理风险、道德风险和逆向选择等瓶颈问题，从而解决我国民营企业发展的有效性和可持续性问题。

第二节　研究主要内容与框架

本书通过对近四十年国内外企业伦理理念发展历程的基本分析，首先提出当前伦理理念在企业发展的必要性和迫切性。其次通过分析企业伦理理念与经营管理关系的定性和定量研究，明确提出企业伦理理念在很大程度上影响和制约企业绩效管理水平的提高，立足重庆市民营企业，分析当前重庆市民营企业伦理发展的现状，重点分析企业伦理理念与企业管理的不适应性。然后，研究企业绩效管理与企业伦理理念共同的研究基础（即以人为本）和研究目的（即企业核心能力的提升和企业战略的实现），分析两者的相互作用。本书最后提出构建基于伦理理念的民营企业绩效管理体系的新思路。

具体而言，本书研究的主要内容如下：

第一章，导论。论述本书的研究背景及研究意义，研究的主要内容及框架，理论基础及研究方法。本章的写作目的在于对全书的论述进行总体描述，为全书的展开进行铺垫。

第二章，企业伦理。本章首先介绍什么是伦理和企业伦理，它们是怎样发展形成的，然后分析企业伦理理论国内外相关文献的研究，进行综述，并详细分析国内外企业伦理理念发展历程及研究的现实意义。本章的论述是：企业拥有伦理理念是为了满足市场需要；现代社会企业拥有伦理理念除了要满足经济价值观念外，还要满足非经济价值观念的需要；民营企业强调伦理理念也是化解企业内部矛盾，加强企业内部团结，满足其发展成现代企业的需要。

第三章，绩效管理。本章分析了处于不同发展阶段绩效管理的理论、特点及其对世界绩效管理的发展作出的贡献。通过对绩效管理发展历程的比较以及目前主流的绩效管理方法研究，指出以人为本的管理理论下的绩效管理方式集合了以往管理理论的优点，在价值取向上更加注重员工潜能绩效的开发，在管理的操作中更加注重绩效的反馈和沟通。

第四章，民营企业伦理与绩效管理研究的理论基础。本章主要是介绍绩效管理与企业伦理理论研究基础的共同点，通过"以人为本"理论、激励理论、经济学理论研究，找出企业伦理与绩效管理之间的内在联系，在二者共生的基础上，为后文两者定性和定量的互动研究打下坚实的理论基础。

第五章，民营企业伦理与绩效管理关系的定性分析。本章主要是介绍我国民营企业基本现状分析，采用定性分析方法进行企业伦理与绩效管理关系的互动研究。本章重点研究了企业伦理、经营管理活动、企业绩效管理三者之间相互有什么关系，研究了企业伦理与绩效管理互动的基础是什么，将绩效管理与企业伦理互动研究的最终目的是什么。最后得出结论：将企业伦理理念融入企业绩效管理，建立良好的企业伦理价值观，是当代市场经济和企业发展的一种明显的不可阻挡的历史趋势，也是企业健康、持续发展需要积极探索的领域。

第六章，民营企业伦理与绩效管理关系的定量研究。本章主要根据国泰安数据库的统计，选取了在深交所上市的 183 家民营企业为研究样本，采用因子分析和聚类分析等实证分析方法，分析企业伦理资本对企业绩效管理的影响。

第七章，民营企业绩效管理的现实选择——以重庆市为例。本章首先通过对当前重庆市民营企业绩效管理内外环境的分析，发现重庆市民营企业人力资源素质普遍不高，管理层在在企业绩效管理的认识层面存在误区，企业存在制度层面上的不合理，在企业绩效管理操作层面上也存在很多问题。本书根据当前重庆市民营企业绩效管理体系的不足，提出重庆市民营企业在建立绩效管理体系时融入企业伦理理念有其必要性。

第八章，基于伦理理念的民营企业绩效管理体系的构建。本章主要研究了民营企业绩效管理体系的构建。首先分析了企业构建绩效管理体系的目的——实现企业绩效最大化。其次分析企业绩效管理体系的总体设计思路：融入企业伦理理念，以"安全生产"和"经济效益"为中心，以增强"价值创造力和可持续发展力"为落脚点，以全面建设"本质安全型"、"质量效益型"、"资源节约型"、"科技创新型"、"和谐发展型"的"五型企业"为目标。然后还探讨了企业绩效管理体系设计应遵循的原则。最后本章通过从员工角度、组织角度、企业角度三部分依照绩效管理过程，融入企业伦理理念，构建了重庆市生产型民营企业绩效管理体系。

本书的技术路线如图1-5所示：

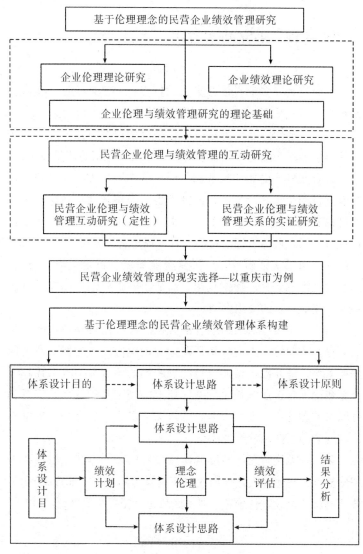

图1-5 本书技术路线图

第三节　研究基本方法

本研究具有多学科综合集成的特点，并且理论性、实践性都很强，因此采用了以下几种研究方法：

第一，定性研究与定量研究相结合的研究方法。经济学与自然科学的一个显著区别就是对理论与数据运用的侧重点不同。过去，自然科学更加注重数据，而经济学则更加注重理论，但随着学科的交错融合发展，经济学也日益重视运用数据、模型对理论进行阐述的研究方法。因此，一方面，本研究运用定性研究方法对企业伦理理论与绩效管理理论进行分析；另一方面，本研究又通过实证研究，对民营企业发展进行定量研究分析，通过大规模调研，探索规律，归纳新的企业伦理和绩效管理理论，建立一定的应用模型。

第二，比较与归纳相结合的方法。通过比较发现比较对象之间存在的差异，进而分析存在差异的原因，才能抓住研究问题的关键，最终提出切实可行的解决问题的方案。本书比较分析企业伦理与企业绩效管理共同研究的理论基础，找出二者相互联系的理论点，进而对二者进行互动研究，最终归纳出融入伦理理念的企业绩效管理体系。

第三，理论研究与实际调研相结合的研究方法。根据相关理论基础，构建融入伦理理念的绩效管理体系，并选择 2~3 个典型的民营企业进行验证，以不断修正、完善相关理论。

第二章　企业伦理

　　了解企业本质、企业特性、企业的社会责任与使命之后，要了解伦理在人类经济文明中的地位和作用，还必须研究伦理本身，研究企业伦理的特点、规范与准则，从而全面了解企业伦理的理论框架。中国社会是伦理型社会，中国传统文化是伦理型文化，了解中国特色的企业伦理可以有效引导企业，构筑伦理型企业。

第一节　伦理与企业伦理

一、关于伦理与伦理学

（一）伦理（Ethics）

　　伦理一词在中国最早见于《乐纪》：乐者，通伦理者也。伦理是在处理人与人、人与社会相互关系时应遵循的道理和准则，是一系列指导行为的观念，是从概念角度上对道德现象的哲学思考。它不仅包含着对人与人、人与社会和人与自然之间关系处理中的行为规范，而且也蕴涵着依照一定原则来规范行为的深刻道理。

　　伦理的内涵可以从以下几个方面理解：

（1）伦理是人类社会中规范人与人之间、人与社会、国家之间的关系和行为的秩序规范。任何持续影响全社会的团体行为或专业行为都有其内在特殊的伦理的要求。

（2）伦理是人们心目中认可社会行为规范，对人与人之间的关系进行调整。它调整的范围包括整个社会的范畴。

（3）伦理是一种关系，如夫妻的两性关系、父母子女的亲子关系、生产方式中的地位关系等，这是不依人的意志为转移的客观物质性关系。

（4）伦理是做人的道理，包括人的情感、意志、人生观和价值观等方面。

（5）伦理是人与人之间符合某种道德标准的行为准则。

（二）伦理学

伦理学是一门古老的科学。在中国古代，虽然没有使用"伦理学"这一名词，但在公元前5～公元前2世纪，已经有了"人伦"、"道德"等概念以及"伦理以为理"的说法，并先后出现了具有丰富伦理思想的《论语》《墨子》《荀子》等著作。中国古代文化本身就是一种伦理型文化，有关伦理思想和意识的论述源远流长。中国古代的仁治、德治观，正是伦理思想在治国平天下方面的运用。

秦汉之际，中国形成了"伦理"这一概念，又产生了更为系统地阐述道德伦理、行为规范、德育方法的《孝经》《礼记》等著作。伦理学作为一个整体，中国诸子百家几乎都有阐述。只是由于在古代中国分解思维的逻辑前提未能形成，文化的成熟远远超前于科学的发展，即在科学尚未发展的时候，中国（古典）文化形态已经趋于成熟了。老子的辩证哲理，儒家的伦理思辨，兵家的韬略意识，工、农、医、墨等领域的实践和理论成果，已经远远居于世界领先地位，从而使中国古代社会观、历史观和自然观交织在一起发展，导致伦理学的内容长期同哲学、政治学、礼仪学等交叉在一起成长，而未能形成独立的科学。即便如此，劝人从善的礼仪说教在中国文化系统中始终占主导地位，中国文化作为一种伦理型文化，仁、义、礼、智、信之儒家学说深入人心，因而伦理思想在中国社会中具有特别重要的地位和作用。

在西方，早在荷马时代，就有了道德和伦理的思考。而"伦理"一次从词源上说，可追溯于灿烂的古希腊文明，起源于希腊文的 ethos。其最初含义表示惯常的住所 ethikos，使其具有"德行"的含义。公元前4世纪，亚里士多德在雅典学院讲授一门关于道德品性的学问，率先用了这个专用词"ethika"，即伦理学。他认为，道德就是行为的善，于是把伦理学定义为研究善和善的终极目的（即至善）的科学。

中世纪的经院哲学家阿伯拉德认为，道德是使人们为善或为恶的心灵的德性，他的伦理学主要研究心灵的善恶意向。

德国古典哲学家康德从先验的理性原则出发，认为探求在"善良意志"中体现的作为绝对命令的道德准则，是伦理学的实质。18世纪法国唯物主义者爱尔维修和19世纪德国唯物主义者费尔巴哈则认为道德是幸福，伦理学就是"达到幸福的科学"，费尔巴哈甚至把自己的伦理学著作叫作《幸福论》。黑格尔把道德看作是体现主体意志的"内心的法"，他的伦理学或关于伦理的学说就是法哲学，其中包括抽象的法道德和伦理。至于边沁和穆勒，则从功利主义出发，把伦理学看作"求得最大幸福之术"。

此外，还有人认为伦理学的研究对象是人生的目的和达到目的的方法，认为伦理学就是"人生理想之学"。

在中国伦理学史上，道德研究的范围更广，探讨的问题也更为复杂。如果说伦理学是研究道德的学科，则从孔子、孟子、荀子、朱熹、王阳明，直到近代的康有为、梁启超等，都把研究道德作为自己的任务。他们程度不同地探讨了道德的起源、道德的原则和规范、道德理想和道德评价，特别是品德修养和道德教育。而其问题所及，则有人性善恶、天理人欲、王霸义利、德治法治以及知行关系等。

虽然伦理学研究问题极为复杂，然而讲到底乃是道德和利益的关系问题，即人们交往的两个基本问题：交往中的道德准则和交往中的利益关系。它由两个基本矛盾构成：一是"利"和"义"的关系，是利决定义，还是义决定利；二是个人利益和集体利益的关系，是个人利益决定集体利益，还是集体利益决定个人利益。故而，伦理学归根结底是研究"利益""个人""集团"三要素之间的关系学说。

二、关于企业伦理及企业伦理学

（一）企业伦理

企业伦理（Enterprise Ethics，Business Ethics）是美国 20 世纪 70 年代提出的，是伦理在企业中的特定表现，是企业处理企业内部员工之间、企业与社会之间、企业与顾客之间关系的行为规范的总和。企业作为独立法人有其特定的生产经营行为，也有企业伦理的要求。只要由人组成的集合体在进行经营活动时，在本质上始终都存在着伦理问题。一个有道德的企业应当重视人性，不与社会发生冲突与摩擦，积极采取对社会有益的行为。

关于伦理与企业的关系，观点不一。有人认为，企业的经营目标是赚钱，伦理追求的则是道德规范，两者没有必然联系，甚至是水火不相容的，即两者是相互矛盾的。也有人认为，如果企业只追求利润而不考虑企业伦理，则企业的经营活动将越来越为社会所不容，必定会被时代所淘汰。也就是说，如果在企业经营活动中没有必要的伦理观指导，经营本身也就不能成功。树立企业伦理的观念，体现了重视企业经营活动中人与社会要素的理念。

企业伦理包括内部伦理和外部伦理。① 企业内部伦理主要包括劳资伦理、经营伦理等，企业外部伦理主要包括客户伦理、社会伦理、政商伦理等。其中，劳资伦理是指劳资双方如何互信、如何拥有和谐关系、伦理领导与管理、职业训练等。客户伦理是指服务伦理，满足顾客的需求是企业生存的基础。经营伦理是针对企业最根本的责任是追求利润，因此企业必须积极经营，谋求更多的利润，以创造股东更多的权益。社会伦理是指企业与社会息息相关，企业无法脱离社会而独立运作。企业应重视社会公益，提升企业形象，谋求企业发展与环境保护之间的平衡。政商伦理是指政府的政策需要企业界的配合与支持，企业不但要遵守政府相关的法规，更要响应与配合政府的金融政策。

伦理是企业赖以生存的基石。企业伦理已成为全球企业共同面临的问题。中国的银广厦、郑百文，美国的安然、安达信、世通公司等全球知名公司，均因其伪造经营业绩、虚报财务报表而受到了各国证监会的处罚，安然、安达信等因此而破产，安然还成为美国历史上最大的破产企业。可见，在竞争激烈、瞬息万变的市场经济社会里，如果经营者为了追求利润，而忽视了"永续经营"，为了实现利润的最大化，无视伦理准则，违反法律法规，展开不讲公众意识的不正当竞争，不仅会损害诚实经营者和广大消费者的权益，企业本身也会失去公众的信任，甚至使自己处于万劫不复的境地。从这个意义上来讲，不正当的市场竞争永远没有赢家。

（二）企业伦理学

企业伦理学是由社会责任问题引起、伴随对其思考而产生

① http://baike.baidu.com/view/181323.htm

的。这一过程大致可划分为三阶段：一是 20 世纪 40 年代之前，称作早期阶段。在这一阶段企业作为经济组织，提供产品和劳务满足人们的物质需要，追求利润最大化是其目的，不存在伦理问题。二是 20 世纪 40 年代以来，称作中期阶段。在这一阶段由于出现了不正当竞争、欺骗消费者、环境污染等不道德问题，公众对企业提出了社会责任问题，要求企业承担社会责任的呼声日趋高涨。三是 20 世纪 70 年代以来，称作现代阶段，许多企业开始重视伦理道德问题，制定企业伦理守则，将伦理因素纳入企业决策活动之中。

企业伦理学的产生有其深刻的社会经济、政治背景：①20世纪 70 年代，企业经营中的丑闻如非法政治捐款、非法股票交易、行贿受贿、弄虚作假、窃取商业机密等频频曝光，引起了社会的震惊和公众的极大关注，人们感叹企业中相当一部分管理者已达到了道德沦丧的地步。②20 世纪 70 年代以来，面对假冒伪劣产品和消费欺诈，消费者的主权意识日益增强。这一主权意识所包含的不仅仅是消费者选择机会的增加、选择范围的扩大、选择品种的增多，而且包含着在生产和消费过程中个人价值如何最大限度地体现出来，消费越来越体现出个性化。消费者主权时代对提高生活质量的迫切要求，使企业认识到个人价值的最大实现、个人偏好的最大满足是与企业的经营活动联系在一起的。③20 世纪 70 年代环境污染问题及其后果引起全球关注，人们的环保意识大大增强。人们要求环境污染的主要制造者工业企业为生产经营中产生的环境问题承担责任。在社会舆论的压力下，企业也认识到生产不仅仅是企业自己的事情，而且关系到各方利益。④人们关注股权分散后企业的行为。第二次世界大战以来，企业股权不断分散人们对企业的生产经营行为比过去更为关注，要求企业不仅要为少数控股的投资者的利益负责，而且要兼顾所有投资者的利益。同时，企业职工参股，对企业生产经营行为提出了新的要求，即企业不仅要对作为生产者的员工利益负责，而且要对作为投资者的员工利益负责。⑤企业对人类行为方式的影响日益增强。随着企业在全球范围内的扩张与发展，企业成为一个文明社会的制度支柱，并决定一个文明社会的社会结构、生活方式，极大地改变了人们的行为方式。并且随着全球化的市场竞争和跨国公司的发展，企业特别是大公司对社会生活方式、道德观念、价值观念的变化和发展具有越来越直接的影响。

人们对企业的行为给予更大的关注，并提出更为迫切的要求，要求企业的行为更符合社会道德规范。在变化了的社会环境条件下，企业长期奉行的行为准则与行为方式不得不发生变革。今天的企业不仅仅是一个经济机构或生产产品的机构，也不再仅仅是一个发挥最大限度攫取利润的机构，生产的意义正在扩大到产品以外的领域。企业不仅要为自己负责，而且要对社会各个方面负责，除了产品以外，还必须考虑环境、社会、信息、政治、生活方式等问题，企业必须通过伦理准则规范企业自己的行为，重塑社会形象。

第二节　国内外企业伦理发展历程

一、国外企业伦理理论的发展历程

国外企业伦理理论的研究的兴起及发展经历了三个阶段：

（一）酝酿阶段：20 世纪 50 ~ 60 年代

在这个时期，欧美诸国经济迅速发展，取得了巨大成就，但许多社会问题也随之而来，如环境污染、商业欺骗、侵犯消费者权益、员工歧视等。企业单纯谋利而损害社会利益的经营管理行为引起了社会公众的强烈不满，这促使欧美许多大学的工商管理学院提出了企业的社会责任问题。1962 年美国政府公布了《对企业伦理及相应行动的声明》，1963 年 T. M. 加瑞特（T. M. Garret）等人编写了《企业伦理案例》，1968 年美国天主教大学原校长 C. 沃尔顿（C. Walton）撰著了《公司的社会责任》，这一系列文献充分说明对企业伦理的研究已经在欧美国家开始萌芽。

（二）形成期：20 世纪 70~80 年代初

随着暴露的企业不道德行为日益增多，各种社会矛盾愈发激化，接连不断的经济丑闻，如贿赂、胁迫、欺骗、偷窃、不公平歧视等，成为人们思考企业组织的信任危机和伦理危机的直接原因。1974 年 11 月美国堪萨斯大学召开的第一届企业伦理学讨论会成为企业伦理学诞生的标志。此次会议形成了一份相当重要的文献，即《伦理学、自由经营和公共政策：企业中的道德问题论文集》。此后，有关企业伦理学的学术论文和著作纷纷问世，并且创办和出版了一系列研究企业伦理的专业刊物。

（三）发展期：20 世纪 80 年代后期至今

20 世纪 80 年代后期，企业伦理学逐渐扩展，得到许多发达国家的高度重视，学术界也兴起了一股企业伦理研究的热潮。1987 年，欧洲建立了企业伦理学网络，许多大学建立了企业伦理学研究机构，开设了企业伦理学课程，相关的理论研究深入到企业伦理学的理论基础、公司的道德地位、伦理道德与企业经营管理活动等问题。企业伦理规范在美、英、加、澳等国的企业中得到广泛应用，企业的伦理建设战略得以广泛开展。

20 世纪 90 年代以来，企业伦理学研究向纵深方向发展。1993 年，美国已有 90% 以上的大学院校开设了企业伦理学课程。众多国外企业伦理学研究和交流机构（如"国际企业、经济与伦理学会"和"社会合作欧洲网络"等）、交流活动（如世界企业、经济与伦理大会）和学术刊物（如《经济伦理学杂志》、《欧洲经济伦学评论》等）纷纷涌现。企业伦理学方面的教材、专著、工具书已有 1 000 余部，有代表性的包括 P. H. 沃（P. H. Werhane）和 R. E. 弗里曼（R. E. Freeman）编的《企业伦理百科辞典》、W. 科夫（W. Korff）等人主编的 4 卷本的《企业伦理手册》、乔治·恩德（Georges Enderle）等主编的《经济伦理学大辞典》等。各种研究企业伦理学的学术论文更是不胜枚举，并取得了不俗的成绩。1998 年，阿马蒂亚·森（Amartya Sen）因从伦理道德的层面对重要的经济问题进行探讨，得出了伦理、荣誉、责任等形成的企业伦理理念在无形中影响着企业利润最大化等重要理论成果而获得了诺贝尔经济学奖。

在实践中，许多企业把伦理融入到企业日常管理中。到 20 世纪 90 年代中期，《幸福》杂志（Fortune）排名前 500 的企业中，90% 以上的企业有成文的伦理守则，用来规范员工的行为；美国约有五分之三、欧洲约有一半的大企业设有专门的企业伦理机构，负责企业日常伦理工作；日本的企业把符合日本传统的伦理价值观念，如忠诚、仁义、勤勉等融入到企业日常经营管理中。

二、国内企业伦理理论的发展历程

我国学术界对企业伦理的研究大致可分为以下几个阶段：

（一）企业伦理初探阶段：1949—1978 年

中华人民共和国成立以后，我国开始了对企业管理模式的探索，一开始是模仿"苏联模式"，然后是探索中国社会主义企业管理模式。与高度集中的计划经济体制相适应，企业伦理主要表现为政治伦理，如革命道德是企业的伦理理念。与此同时，学术界也从发挥工人阶级主人翁精神和壮大社会主义国有经济的角度，开始了对中国特色企业伦理精神的制度属性、理论基础等的研究。20 世纪五六十年代，经济理论界开展了热烈的关于物质利益和按劳分配等讨论，尽管没有企业伦理的明确提法，但实际上已经涉及企业伦理问题，形成了自己独特的企业精神，为各个不同时期企业（尤其是国有企业）的建设和发展发挥了巨大的激励作用。

从总体上看，这一时期学界对社会主义企业伦理的研究处于一种非自觉的状态，并且把企业伦理等同于政治伦理。然而，不可否认的是，在计划经济时代，以社会主义政治伦理为主要内容的企业伦理规范和以思想政治教育为主体的企业精神文明建设，为新中国经济建设提供了重要的精神动力和支撑，并在一定程度上弥补了计划经济体制的缺陷。

（二）企业伦理发展阶段：1978 年以后

改革开放以来，基于我国社会主义市场经济的伟大实践和企业市场主体地位的逐步确立，迫切需要建立与社会主义市场经济体制相适应的企业伦理。学界对企业伦理的研究自觉意识明显加强，并且在多个层面上展开。

1. 起始阶段（1978—1992 年）

党的十一届三中全会到党的十四大，有计划的社会主义商品经济初步发展，引发了企业伦理观念的变化，标志着我国企业伦理研究自觉阶段的开始。学者们研究的重点集中在国有企业的服务态度及商品质量、财政、金融等与企业活动有关的职业道德，个体户的商业道德，企业伦理的含义、规范及作用等基本的理论问题。如浦文昌 1986 年在《道德与文明》发表的《浅谈企业行为的道德规范问题》对企业在生产经营活动中应遵守的道德规范作了初步的分析；唐能赋 1989 年出版的《企业管理伦理学》从管理学的角度，通过对管理哲学、管理伦理的研究，探讨了企业管理的伦理问题；乔法容 1990 年出版的《企业伦理文化》对企业伦理的含义、要素、企业人伦关系等问题从理论上进行了较为全面的论述，并尝试通过企业伦理建设的案例，从经济伦理的视角审视企业伦理建设同企业发展的关系。这一时期的研究成果表明中国企业伦理研究已初具规模。

2. 全面展开阶段（1993—2000 年）

1992 年邓小平南方谈话和党的十四大提出建立社会主义市场经济体制，为中国企业的发展提供了更为宽松的政策环境和社会环境。经济体制的转型引发了人们道德观念的巨大变化，传统的工商道德受到了前所未有的冲击。一些市场主体为了实现利益最大化不择手段，主要表现为制假贩假、企业之间互相拖欠贷款和服务费（俗称三角债）、恶意逃废债务等。针对这些问题，经济学、管理学、伦理学等方面学者进行了较为系统的思考，取得了丰硕的研究成果。他们思考的方面包括：企业的伦理特性是什么？企业伦理是什么？企业伦理研究什么，有什么用？企业道德规范、企业伦理形成的内在机理是怎样的？企业伦理建设的机制是怎样的？1996—2000 年，中国人民大学复印资料转载的有关企业伦理的论文有 300 多篇，出版和翻译出版的有关专著 30 多种。其中，王小锡的《经济伦理与企业发展》从经济伦理学的视角深刻揭示了我国企业伦理及企业发展，受到了理论界和实务界的广泛关注。我国合肥荣事达集团 1997 年在北京公布了《荣事达企业竞争自律宣言》，倡导相互尊重、平等竞争、诚信至上、文明经营、以义生利、以德兴企，提出了其"和商"理念。

3. 深入研究阶段（2001 年至今）

2001 年以来，企业伦理的研究全面深入，对于"以德治企"、企业的社会责任、诚信、可持续发展的伦理问题、经济全球化对企业伦理的挑战及应对机制、产权伦理、电子商务中的伦理问题、企业伦理建设的方法、社会责任标准（SA 8000）、企业道德实力的衡量等问题，不论是在理论层面还是理论与实践结合方面都进行了系统研究。如徐大建的《企业伦理学》和欧阳润平的《企业理学》对企业伦理理论和实践操作进行了全新探索，是现阶段我国企业伦理研究的代表性成果。

同时，企业伦理研究也得到企业界的普遍重视。一些商界精英声称要追求"阳光下的利润"，把伦理作为一种企业的无形资本进行经营，并积极探索与企业特点相适应的企业伦理模式建设。如许继集团创造的"合力奉献"模式，既有国有企业的伦理特色，又有鲜明的个性特征。

第三节　企业伦理研究理论基础

企业伦理要求企业经营活动必须渗透伦理精神，这就表现为企业经营活动受伦理原理的支配。企业伦理建设的基本理论包括人本管理理论、义利统一理论和社会责任理论。

一、"以人为本"的管理理论

以人为本的管理就是"人本管理"，是对管理对象所进行的比较高层次的一种管理方式。据考察，"以人为本"的提法源自费尔巴哈的人本学唯物主义哲学。19世纪40年代，费尔巴哈第一次鲜明地提出了"人本主义"的口号，后来西方思想家沿着这一思路各自提出了自己的学说，从而形成了现代西方人本主义思潮。然而传统的管理理论，如20世纪初以泰罗等人为代表的古典管理理论、第二次世界大战前后的行为科学理论，都没有意识到管理应以人为中心。直到20世纪70年代，随着日本经济的崛起，人们通过对日本成功企业的经验剖析，进一步认识到员工在企业生产经营活动中的重要作用，管理方式上更强调柔性管理，尊重员工的个人能力和价值，注重提高员工素质，调动员工工作积极性，实现人力资源的优化和合理配置。自此，人本管理理论逐步形成和确立。"人本管理"是按照现代科学理论，把人作为管理要素中的主体，确立人在管理过程中的主导地位，追求人的全面发展，运用各种激励机制，充分发挥人的主观能动作用，调动和发挥员工的积极性和创造性，实现企业整体优化的一种现代化管理方法。其主要内容是：

（1）人本管理是以人为中心和出发点的管理。企业都有人、资本、机器、土地等各种要素和资源。但在其中人是最重要、最活跃的要素和资源。只有通过人的作用，其他各种要素和资源才能发挥作用和效益。人本管理强调把人作为企业管理的核心和企业最重要的资源，把人作为管理的最高出发点与最终落脚点，把人和企业融合在一起，真正成为共同体。

（2）人本管理的主体是组织中的全体成员，包括与企业相关的所有人员，不仅指企业中的员工，还包括企业的其他利益相关群体，如企业的供应商、投资者、合伙人、企业所在的社区等。因此，以人为本的管理涉及人的选聘、任用，员工的培育、成长，员工参与企业管理，企业内外部人际关系的协调等方面，它是一项复杂的系统工程，整个管理过程依赖于人的主观能动性的发挥。

（3）人本管理研究如何尊重人、关心人、激励人、培养人，并以人的全面发展与成长作为目的，以员工为中心，根据员工的心理规律、思想规律，通过尊重人、关心人、激励人、培养人、改善人际关系等方法，充分发挥员工的积极性、创造性，提高劳动效率和管理效率。

（4）人本管理的目的是服务于人。人本管理不同于把人视为工具或手段的传统管理模式，而是肯定人在社会经济活动中的作用，并在此基础上，强调以人为目的、以人为根本并服务于人，充分了解人的本性、需要和动机。企业的伦理道德经营与管理必须坚持以人为本，在企业伦理建设中要注重对人进行分析与研究，重视挖掘人的潜能和有效利用人力资源，充分重视人的作用，并有针对性地采取相应的管理方法与措施，保证现代化大生产的顺利进行，取得最佳的经济效益和社会效益。

二、义利统一理论

企业作为独立的经济组织，在一定财产关系支配下为获取利润而从事生产经营活动，并向社会提供商品或劳务，它如何协调自身利益与社会利益、短期利益与长期利益的关系，是一个关系企业生存与发展的重大问题。义利统一理论是企业协调各方利益所应遵循的基本原则。"义"指道义、仁义，在伦理学上，讲的是公利，即整体利益和群体精神追求的一种准则；"利"指利益、私利，追求自身的物质需要。"义"与"利"构成对矛盾的统一体，两者相互依存。对于市场微观主体的企业来说，它从事经营活动的目的是为了获得最大的经济效益。企业的利润是它生存和发展的根本。但它的利润必须是在合法竞争、遵纪守法、保护环境等各种条件下获得的，它必须处理好社会公众、国家之间的义利关系。在对待利润与道德的问题上，企业应该坚持义利统一。

（1）企业作为经济组织，追求"利"是正当的。义是与利紧密联系的义。义利统一原理不排斥正当的利润，企业只有通过自己的努力，在获取较多利润的情况下，才有可能在更广的范围内、更大的程度上去发挥"义"的作用，才能为社会多作贡献。市场主体在以法律确定的交易双方平等的基础上，为他人和社会提供合格以至优质的产品或服务，来实现自身合法利益的最大化，把利他的义当作实现利己的利的手段。这同采取欺诈、暴力等违法手段是有着本质区别的，是一种受利他的义制约的合法利己的利。企业遵守道德和法律规范，诚实劳动、合法经营而求利，则可求长远之利，并且实现"双利"和"共赢"；如果企业置法律道德规范于不顾，不择手段谋取利益，则会"害人害己"，无法维持长久发展。

（2）在企业自身利益与社会利益、公众利益发生冲突时，应以社会利益为重。企业为他人和社会提供合格的产品或服务的目的和动机是追求自身合法利益最大化，是把利他的义作为追求自身利益最大化的前提和条件。但追求自身利益并不排除纯粹的"义"，如兴办公益事业、慈善捐赠等，尤其在自身利益与社会利益发生冲突时，应以社会利益为先。企业的发展不能只顾短期利益、眼前利益，而应从战略的高度来看待利益问题，谋求长期利益和长远发展。只有实现义利统一，企业才能处理好与社会、顾客、股东、其他企业和员工的关系。诚如涩泽荣一所言："只要对国家公众有益的事业，必定可久可大，应该出于'义'的考虑去做，即使目前有所亏损也在所不辞；而对国家公众无益的投机之利，必不久远，而不应该出于私利去考虑。"义利统一，在追逐自己利益的同时，考虑到交易方的利益，从而取得和谐、共赢的目的。

三、社会责任理论

"企业社会责任"这一概念最早是由英国学者欧利文·谢尔顿于 1924 年提出的。它产生于企业发展对人和自然的忽视所带来的一系列社会与环境问题。企业社会责任是指企业在生产经营过程中的经营决策和企业行为对消费者、员工、股东乃至社区、政府、环境所应承担的社会责任，是基于企业经济责任、法律责任的企业道德责任和企业慈善，包括遵守商业道德、生产安全、保护员工合法权益、资源节约、环境保护、支持慈善事业、捐助社会公益等。

（1）企业的经济责任和法律责任。企业的经济责任和法律责任是企业较低层次但也是基本层次的责任。企业的经济责任是指企业以能实现投资者的投资回报并维持企业运行的价格提高企业经济活动的效率，按社会需求生产物品和提供服务，这是由企业的基本性质与目的所决定的。企业社会责任理论承认企业追求利润的合理性。市场经济的竞争法则就是优胜劣汰，如果企业没有盈利，其竞争力为零，企业就丧失了作为经济实体存在的意义，就无法谈及承担企业社会责任。因此，企业的社会责任行为是与企业盈利的经济行为同时发生的，如提供优质安全的商品和优良的服务，满足社会各方面的需求，增强社会经济实力等。企业的法律责任是指法律规定且以国家强制力保证企业履行的责任，它是对责任主体的一种"硬约束"，是维护基本社会秩序所必需的。企业的法律责任具有法定性和强制性，为规范、制约企业的一些不合法行为提供依据。企业遵守法律、市场交易规则和交易秩序，严格依法办事，依法纳税，维护国家法律法规的权威；正确处理股东与其他利益相关者之间的利益冲突，确保企业行为符合伦理道德规范，是落实企业社会责任的重点。

（2）企业的道德责任和慈善责任。企业社会责任理论要求企业不仅必须履行较低层次的经济责任和法律责任这些企业应尽的社会义务，而且要履行较高层次的道德责任和慈善责任。企业的道德责任包括满足法律没有规定的社会的其他期望。慈善责任是指企业以伦理价值观为指导并采取的社会希望的额外行动，包括支持社区项目、关注社会公益事业和慈善事业等。企业的道德责任和慈善责任是企业社会责任的核心层次，是未由法律规定的、由责任主体自愿履行且以国家强制力以外的其他手段作为其履行保障的责任。这种责任强调的是企业的自律责任，是企业自愿、主动地选择遵守伦理规范的责任选择，是对责任主体的"软约束"。企业是多种资本和资产的结合体，企业的道德责任和慈善责任强调企业除关注股东利益外，还要注重其他利益相关者的利益，包括：企业对员工的安全、福利、教育等方面承担义务；对消费者履行在产品质量或服务质量方面的承诺，不欺骗消费者；履行节约资源、保护环境的社会义务；支持慈善事业、捐助社会公益以及在建设社区、保护弱势群体方面的责任等。企业应在自身能力范围内积极参与社会问题的解决，承担社会责任，提升企业的伦理境界。

第四节　企业伦理理论综述

一、企业伦理的基本概念

企业伦理（Business ethics）也译为"企业伦理学"、"商业伦理"、"经济伦理"。

卡罗尔的定义：企业伦理主要研究企业、经理或者具体企业行为、活动是什么和正在发生什么，以及一般伦理标准"是什么"。规范企业伦理学致力于提出一些在企业环境中区分道德和不道德的原则，为企业提供"应该是什么"和"应该不是什么"的行为标准。

陈炳富等人的定义："企业伦理即企业道德。"企业道德有广义和狭义之分。广义的企业道德是指企业经营活动参与各方行为善恶的规范。狭义的企业道德是"指导企业及其成员行为善恶的规范"，企业伦理学解决的只是有关生产的目的、产品的分配、企业与环境的关系等涉及利害关系的问题。

企业伦理是人们在企业经济生活中形成的道德关系的反映和概括，是企业生活赋予人们的道德权利和责任，是企业在社会中存在和发展的道德基础，是处理其与利益相关者关系的善恶价值取向及应遵循的行为规范。企业伦理的介入，意味着企业从事各项活动时都要进行伦理思考，要遵守伦理规范。

《韦伯斯特第 9 版新大学词典》(*Webster's Ninth New Collegiate Dictionary*) 将伦理定义为"涉及什么是善与恶以及道德责任与义务的科学"。

P. V. 刘易斯在 308 种定义的基础上总结出了一个比较具有普遍性的定义：企业伦理是为企业及其员工在具体情景中的行为道德提供指南的各种规则、标准、规范或原则。

美籍华人成中英先生在他的《文化、伦理与管理》中指出：企业管理伦理是"任何商业团体或生产机构以合法手段从事营利时，所应遵守的伦理规则"。

目前，国内外学术界对企业伦理内涵的界定大致分为两大类：①企业伦理即企业道德，它是指在企业经济活动中完善企业员工素质和协调企业内外部关系的善恶价值取向及其应该不应该的行为规范；②企业伦理是在企业全部生活中所蕴含和活跃着的道德意识、道德准则与道德活动的总和。

本书认为，企业伦理是蕴含在企业生产、经营、管理及生活中的伦理关系、伦理意识、伦理准则与伦理活动的总和；是反映企业"善与恶"的价值判断，是企业绩效观的核心；也是企业文化的核心。企业在其经营管理活动中，只有重视和加强企业的伦理建设，严格遵循企业的伦理规范，才能使企业具有强劲的竞争力。

二、企业伦理的基本特征

1. 和谐性

企业作为社会的成员，在构建社会主义和谐社会中，除了要遵守法律规范，还要符合伦理要求，承担起相应的伦理责任。

"强化企业伦理责任是一个社会必须面对的问题，一方面关系到企业自身发展的利益所在，另一方面，它又是影响和谐社会协调发展的一种价值观的精神因素体现"。社会要求企业构建和谐企业伦理，在促进社会发展的同时，确保企业可持续发展。另外，企业诚信问题也成为企业交易成本的关键所在。企业应当主动承担环保责任，履行环保义务，还要大力倡导诚信为本的伦理文化。实现企业与社会的和谐发展，才能最终实现整个社会的和谐发展。

2．人本性

现代企业在塑造人、尊重人、依靠人的基础上，培养高素质的企业员工队伍，对企业至关重要。"以人为本的企业伦理价值观要求企业实行以人为中心的管理模式，确立员工在企业经营与管理中的主体地位、主导地位、主动地位和主创地位。"企业的发展最终要体现在人的发展上。尤其是在急剧变化的现代，技术生命周期不断缩短，知识更新速度不断加快，每个人、每个组织都必须不断学习，以适应环境的变化并重新塑造自己。优秀的企业能够给员工一种无法离开的感觉，企业为员工发展提供各种各样的机会，给员工个人发展提供空间，而员工也能够为了企业倾尽全力，贡献出自己的聪明才智。这时，企业与员工在良性互动中相互发展。

3．整体性

现代企业伦理对每个员工的思想和行为起到制约作用，员工们在企业伦理的制约下，自觉接受企业文化的规范和约束，依照价值观的指导进行自我管理和控制，在其思想认识、思维过程、心理情感、伦理道德等方面发生相应的变化，从而约束和规范自己的价值取向。这就进一步提高了员工的责任感，使员工明确了工作意义，使员工在处理个人利益和整体利益上以整体利益为重。企业伦理是员工自觉在思想上认同企业的价值观念，在付诸行动之前就已经有了哪些该干哪些不该干、哪些可不干哪些不可不干的标准，因而自觉践行伦理道德规范，并与企业的目标、传统习惯和整体利益保持一致。

4. 持久性

在企业管理活动中，企业伦理是提升管理水平的杠杆。企业伦理是影响企业形象的重要因素。企业是否诚信和是否自觉承担社会责任对企业形象有根本性的影响，而这种影响直接关系到企业生存发展的持久性。一方面，企业积累诚信的过程就是树立企业形象的过程。作为无形资产的企业形象，是决定市场胜负的关键因素之一。诚信能铸就企业品牌，提升企业及其产品的美誉度。企业在经营活动中越是诚实守信，自觉履行合同，企业在业内的形象就越好；企业越注重产品质量，尊重消费者的利益，即对消费者诚信，企业在消费者中的形象也就越好。另一方面，企业自觉履行其社会责任，是企业绩效理念的体现，对企业形象有极其重要的影响，关乎企业能否长久发展。

三、企业伦理的基本功能

1. 导向功能

企业伦理是企业正确认识和处理它在社会上、市场上的角色、功能、责任、义务所不可缺少的，可以为企业正确处理它和社会、生态环境之间的关系提供正确的指导原则。企业只有使自己的求利行为符合人的全面发展、社会整体利益、可持续发展等价值取向，即以伦理为决策导向，企业伦理同企业物质生产力一起，构成企业战略发展的重要组成部分，才能在决策过程中作出正确的判断和选择，从而促进企业的成长与发展。

2. 凝聚功能

企业伦理能帮助管理者塑造良好的道德形象，使员工产生一种归属感、安全感、责任感，并进一步转化为对企业的忠诚。

企业伦理能有效地激发出全体员工强大的凝聚力，员工由此产生一种向心效应，使企业无形资产增值。随着品牌战略时代的到来，企业无形资产增长速度越来越快，从而大大提高了企业的市场竞争力。

3. 约束功能

这是从企业伦理对经济行为的制约角度进行的分析。企业伦理作为一种价值判断和准则，对企业某些行为进行事前控制和预防，避免非伦理行为的出现，从而使企业经营活动遵循伦理准则，实现战略目标。如遵纪守法、依法纳税、用正当手段获取利润、承担必要的社会责任、保护环境等，都属于企业伦理基本范畴的内容。企业伦理规范企业的行为方式，使企业员工形成某种约定的规则和行为，提高员工的整体道德素质和伦理精神。

4. 调节功能

企业伦理通过道德评价、内心命令、教育、指示、示范、激励和沟通等方式和手段，来调节企业与社会、企业与员工、员工与员工之间的关系和企业内部人际交往中的行为。

5. 教育功能

在企业伦理的功能中，始终贯穿渗透着它的教育功能，它的教育功能主要体现在它对员工心灵的征服上，所采用的方法主要是舆论的褒贬。通过表扬遵守企业伦理准则的员工和谴责违背其准则的员工，企业员工受到企业伦理的教育，伦理意识得到强化，从而自觉地用企业伦理来规范自己的行为。

第五节　研究企业伦理意义

伴随着市场经济的发展而出现的一系列社会问题导致了人们对经济领域道德度的怀疑，人们开始反思"企业经营究竟要不要讲求伦理"，企业对伦理道德的追求会不会影响利润的获取。企业伦理学是面向 21 世纪最先进的管理学。高度重视企业伦理研究，是当代西方管理学特别是企业管理学研究中的一个最新趋势。企业伦理的研究有其现实意义。

一、研究企业伦理有助于市场经济的健康发展

尽管道德伦理不是经济资本，"也不能作为直接的经济资源或资本来利用。然而，道德却从来不乏价值资源意义，甚至也能够成为一种特殊的资本。投资者对投资对象的信任度，都是经济资本投资及其可预期效益的主要依据之一，而商业信誉和伦理本身的基本内涵却是道德伦理"。

早在 18 世纪，英国经济学代表人物亚当·斯密就在其名著《道德情操论》中向世人强调：人在追求自身物质利益的同时要受道德观念的约束，不可伤害他人，而要帮助他人，人既要"利己"也要"利他"，道德与正义对于社会乃至与市场经济的运行至关重要。随着企业规模的扩大，企业主导着国民经济。在企业活动对整个社会发展产生巨大影响的今天，企业伦理与市场经济的存在和发展密切相关。市场经济是一把"双刃剑"：它"既是激活效率的自由之源，可以创造空前丰富的物质财富，也可能造成资源和财富的巨大浪费；既具有原始的市场公正的'天然'性格，也可能因为这种天性而导致日益扩大的弱肉强食

之争和贫富差距"。

特别在伦理方面，市场经济的原始正义性或公平性还不能等同于道德正义，其经济的合理性蕴含着社会道德风险，极易导致企业出现伦理问题。市场经济作为法制经济，不仅需要完善的法律加以规范，使之理性化、规范化，同时也是一种伦理经济，它也需要相应的伦理道德来加以调节，通过约束和规范人们行为的选择，建立一种经济发展所必需的伦理秩序，保障经济健康有序地发展。这就是说社会主义市场经济的健康发展，在完善的法律体系的同时，必须以规范经营者的行为作保证。企业作为社会中的重要力量，必须进行伦理经营，以伦理规范约束企业行为，才能夯实市场经济的微观基础。片面追求经济发展，单纯只靠市场经济自身所形成的公正，就容易造成功利主义、个人主义的风行，出现只关注资源的最大利用、利润的最大化，结果造成社会资源的极大浪费和经济秩序的混乱。

有人认为，市场经济是竞争的经济，竞争就意味着你争我夺，不管采取何种方式，只要自己获益可以完全不顾及其他。事实上，竞争与道德并不完全对立，即竞争并不必然地伴随道德的沦丧。现代企业在社会上、市场上的竞争已不仅是经济实力的较量，还是社会效益、环境效益上的竞争，是企业的精神文化、伦理道德、文明程度上的竞争，即市场经济的竞争包含道德的竞争，市场经济要能正常地运转，就必须保证竞争的公平有序。而公平有序的竞争又必须要求市场竞争主体既做"经济人"，又做"道德人"。这就要求企业的经济行为必须是合乎伦理道德要求的。在竞争中讲道德，不但不会影响企业的经济效益，相反，从长远来看，注重伦理道德建设能够为企业带来可观的效益，增强企业的竞争力。企业伦理旨在规范企业在市场中的行为，形成有序的市场环境，增强企业的社会责任，这不仅关系企业生死存亡，也是关系市场经济健康发展的重大问题。

二、研究企业伦理有助于和谐社会的构建

党的十六届四中全会《关于加强党的执政能力建设的决定》指出，"要适应我国社会的深刻变化，把和谐社会建设摆在重要位置"，"坚持最广泛最充分地调动一切积极因素，不断提高构建社会主义和谐社会的能力"。社会主义和谐社会的构建是我国现时代社会发展进程中的主题，是一项长期的战略任务，离不开企业的作用。没有企业与自然资源、生态环境、政府等利益相关者的和谐，就很难实现整个社会的和谐。作为社会经济行为主体的企业既要在经济方面也要在伦理方面承担起责任。企业伦理的进步也是社会和谐发展的重要组成部分。美国学者弗朗西斯·福山通过对欧美、东南亚等地区的"信任程度"差异的考察，认为伦理（信任和美德）乃是创造社会经济繁荣的重要社会资本，甚至作为间接的经济资本而发挥巨大效用。企业有责任促使自身经济利益和社会利益的一致，有义务提升自身的社会责任感，有必要在企业伦理规范的指导下，以正确的态度和方式开展生产经营活动，生产出自己的产品或服务来满足社会需要，进而推动社会的和谐发展。

三、研究企业伦理有利于提升企业的公众形象，塑造企业商誉

企业公众形象是指将企业的经营理念与精神文化运用行为活动、视觉识别等整体识别系统，传达给企业的关系者和团体，使其对企业产生一致的认同感和价值观。企业形象的主体因素是企业道德形象，良好的企业形象必须建立在较高的企业伦理

水平的基础之上。合理的企业伦理构造是企业的无形资产，能极大地激活企业的有形资产，使企业的生产要素得到优化配置，从而创造出可观的经济效益。认真考虑企业行为对社会的影响，主动承担社会责任并且坚持伦理经营的企业更容易获得公众的信任从而树立起良好的企业形象。在全球经济一体化的今天，所有企业都面临着激烈的竞争，尤其是企业形象的竞争。因为越来越多的消费者对公司形象和信誉的兴趣度远远超出了对他们所提供的产品和服务的兴趣度。具有良好道德形象的企业才会赢得高素质人才的青睐。今天，越来越多的人才在选择工作时不再仅仅关注工资、待遇等条件，他们更关注企业的文化氛围、企业的社会形象。美国一项调查资料显示，超过 3/4 的美国人在找工作时会考虑未来雇主的社会形象，愿意选择在有良好道德形象的企业中工作。可见，企业的形象力是 21 世纪企业发展的新动力，是竞争成败的关键因素。

从一定意义上说，企业伦理就是一种重要的无形资产，商誉又是无形资产中的关键因素。企业商誉越来越成为企业赢得现代竞争的一种重要手段，商誉的好坏直接影响着企业的发展。面对全球化的市场，中国企业必须进行伦理经营，塑造企业商誉，才能更好地融入经济一体化的全球环境。

首先，企业伦理使企业获得忠诚顾客群。美国管理学家彼得·德鲁克指出，企业的目的是满足、引导和创造顾客需求，因为顾客购买一项商品或服务时满足的程度决定着企业的生存和发展。只有满足顾客的种种愿望和需求，顾客才会把财富的资源交给企业，这样企业就获得了持续发展的竞争力。随着经济增长，人民生活水平提高，在基本的物质生活得到保障后，人们购物时在考虑物质需求的同时还会考虑精神文化和伦理方面的因素，具有较好道德形象的企业更能赢得顾客的青睐。纽约沃克集团（The Walker Group）在 1995 年进行的一项研究表明，90％的顾客认为，当质量、服务、价格相同时，他们会购买在履行社责任方面声誉最佳的企业的产品。从这个意义上说，良好的道德声誉有利于吸引顾客并造就顾客忠诚。

其次，企业伦理使企业获得供应商、投资者青睐。供应商、投资者对企业的信任感的取得是在与企业长期合作中形成的，企业坚持以道德自律为基础，坚持诚实守信、互惠互利原则，以负责的态度最大限度地满足供应商与投资者的利益，以保持自身的形象与信誉。供应商愿意将资金、原材料、零部件提供给信得过的企业，投资者也愿意把资金投向讲伦理的企业。因为与这些企业做生意风险低，效率高。没有哪一个供应商和投资者会与不讲伦理、违背道德、缺乏社会责任感的企业合作。正所谓"信誉就是金钱"。企业通过伦理优势，获取了供应商的原材料、大量的社会资金，就可以进一步改善经营状况，从而创造更多的价值和利润，其在市场上的竞争力也就更强了。

四、研究企业伦理有助于增强企业竞争优势，提升核心竞争力

在经济全球化发展过程中，各国企业都面临着更加激烈的竞争，因此发挥其自身竞争优势，增强竞争力是企业的必然选择。企业竞争优势主要体现在两个方面。一是有形的方面，如雄厚的资金、先进的机器设备、先进的设计与生产、较强的员工素质与能力等。另一方面是无形的方面，即企业伦理。企业伦理是企业增强市场竞争优势的源泉。当企业在生产经营活动过程中，无论受到怎样的利益诱惑或处于何种困境，都能够始终坚持以自身的伦理准则去处理与内外部利益相关者的关系，久而久之就能形成与竞争对手之间的差异，而这种差异形成正是构成企业竞争优势的一个重要来源。核心竞争力是指对企业各种内部和外部资源进行整合利用的能力。从内部来说，企业的核心竞争力一方面来自生产技术、创新能力、具有创新激情的团队，更重要的是来自创新的企业文化氛围，来自员工对企业的忠诚和不断提高的职业素养及学习能力，来自企业伦理道德水准；从外部而言，企业的核心竞争力主要来自于与外部利益相关者的和谐，来自于企业是否能够与利益相关者共同发展，是否具有社会所赞同的伦理道德水准。许多业绩卓越的企业都视合理的企业伦理构造为创造企业活力的秘密武器。可以说，企业伦理作为企业文化和企业绩效观的核心，早已成为企业核心竞争力的关键。

五、研究企业伦理有助于增强企业的凝聚力

现代企业的生存和发展越来越依靠员工积极性的发挥，"以人为本"进行管理能使企业形成良好的企业文化氛围，增强企业向心力，降低企业的管理成本，并反过来促进企业形象的提升及企业效益的实现。首先，企业伦理能为企业吸引优秀人才并建立起良好的员工关系。人与人之间的关系不是机械式的关系，是需要感情维系的。员工之间缺乏感情联络，企业效率就难以提高。美国著名学者弗朗西斯·福山指出，员工关系处理好了，企业就成功了80%。重视伦理的企业能减少企业内部人际关系的紧张，增强员工与员工之间、管理者与员工之间的信任，减少工作中的摩擦和冲突，降低管理成本和交易成本，激发员工对企业的忠诚感和责任感，最大限度地发挥每个员工的劳动积极性，形成一股强劲的合力，使人的才能和潜力能得到充分发挥。

案例分析

强生公司应对危机①

泰诺是强生的一个子公司的产品，占止痛药市场 35% 的份额，其销售额大约占强生总销售额的 7%，利润占强生总利润的 15% ~ 20%。1982 年 9 月 30 日，强生公司总部得到消息：在芝加哥有人服用掺有氰化物的"泰诺"（Tylenol）胶囊后死亡。

由于公司内部的沟通失灵，强生一开始否认这一事实，但第二天早晨便向报界承认了此事。公司管理层认为，虽然生产工厂并未出现氰化物污染，但是公司不应心存侥幸。强生的董事长兼首席执行官詹姆斯·伯克决定亲自负责处理泰诺危机。10 月 4 日，他到华盛顿会见联邦调查局（FBI）和美国食品与药品管理会（FDA）的人士之后，决定收回泰诺胶囊。但联邦调查局不希望他们那样做，否则制造出来的恐慌比可能消除的还要多。然而，第二天，当加利福尼亚州又发生了一起涉及泰诺的中毒事件后，FDA 同意伯克收回所有的零售价值 1 亿多美元的 3 100 万瓶胶囊。强生公司还先后采取了登广告，向医生、医院和销售商发电报（50 万份），向媒体发表声明，电视广告等方式向消费者澄清事实真相，并承诺以药片换胶囊。虽然泰诺的销售额大幅度下降，使公司陷入了困境，强生报道说他们采取的保护公众的主动行为使公司损失了 1 亿美元，然而，到 1985 年年底，泰诺的市场销售额达到了新的高峰。然而泰诺的噩梦在 1986 年重演了！公司决定收回所有泰诺胶囊，并停止所有胶囊装的药品在药店里出售。之后泰诺经历了第二次快速复苏。5 个月内，市场份额重新回升到原来的 90%。之后，强生重新成为市场止痛药的领导者。

---

① ［美］罗伯特·F. 哈特利. 商业伦理. 胡敏，等，译. 北京：中信出版社，2000：369 - 378.

第六节 我国企业伦理现状分析

一个企业要在市场上生存和发展，其产品必须在市场上有销路，其生产经营活动必须带来经济利润，其资本必须不断增殖并具有不断扩大再生产的能力，因此，资本、劳动、技术、管理、利润对于企业生存和发展的重要性，人们往往很容易认识到。但是企业伦理对企业生存和发展的作用，却并不那么容易为人们所认识。近年来，尽管我国企业伦理建设取得了实实在在的成效，但是由于诸多因素的影响，不少企业的伦理建设还存在一些偏差，主要表现为以下几个方面。

一、企业与利益相关者之间的伦理现状

（一）企业与环境之间的伦理缺失

作为一个人口众多、资源相对贫乏、经济基础薄弱的发展中国家，我国一直把发展经济、提高人民生活水平放在首位，但经济的发展是以高投入、高消耗、高污染为代价换取的，导致资源的供给不足，环境污染日益严重，生态破坏日益加剧（以后两者为重）。2004 年 2 月 25 日，环保总局在北京通报清理整顿不法排污企业查处情况：全国共出动各类执法人员近 50 万人次，检查企业 20 万家，立案查处环境违法问题 20 877 件，依法取缔关闭不法排污企业 7 339 家，责令停产治理企业 2 079 家，限期治理企业 1 094 家。在东南沿海以及一些经济发达的地区，尤其是一些工业密集的城市，城市中工业企业造成的污染和乡镇企业造成的污染结合形成城乡复合污染区，严重威胁地方的空气、居民的用水和居住环境安全。在西北一些欠发达地区，企业多数为追求短期利益对资源进行无节制的开采利用，环境

保护和生态保护的观念薄弱，资源开采和使用中浪费严重，使得我国许多宝贵资源在短期内流失严重，同时造成水土流失，耕地、森林面积减少，物种减少，生态平衡被破坏，不利于我国经济的可持续发展。

（二）企业与供应商之间的伦理缺失

改革开放以前，我国实行的是高度集中的计划经济体制，整个社会的经济活动依赖政府制订的指令性计划和行政手段来维持、运行，企业无需考虑生产所需的原料、零件是否短缺，与供应者之间关系简单，没有直接的利益冲突。改革开放以后，随着社会主义市场经济体制的建立，企业自主经营、自负盈亏、自我发展、自我约束的市场竞争主体和法人实体形成，企业和供应者之间关系发生了根本的变化，存在着若干伦理问题，如债务链。债务链是企业之间由相互拖欠而形成的线形债、三角债，其产生有宏观和微观因素。从宏观角度看，与国家宏观经济政策和体制转轨有关。从微观角度看，主要是企业之间缺乏有效的伦理关系、法制观念薄弱。一般说来每个企业都会有一个正常的应收应付的期限，依据不同类型产品的特点、交货方式、运输条件、银行结算方式而定。这只是一种对资金的短期占用，是市场经济下的一种普遍存在的伦理关系。然而，一些企业认为拖欠款项等于多占用了一部分利息或别人的资金，用别人的钱生产自己的产品，是有利可图的。这种置商业伦理于不顾、漠视契约的做法不但破坏了企业自身的信誉，同时也扰乱了市场经济的秩序。正如前面所分析的，一旦一个企业违背了商业伦理，恶意拖欠债务，就如同链条断了一个环，会使与之关联的企业都陷入债务链的问题中，三角债越扯越大，只会越来越乱，从而最终影响到国家的经济发展。

（三）企业与消费者之间的伦理缺失

不同行业不同类别的企业在生产产品时都应当根据自己的

实际情况为自己的产品合适定位，并努力使企业所提供的产品符合两个最基本的条件：第一不能是假冒伪劣产品，第二要保障消费者的使用安全。然而，自改革开放以来，制造和销售假冒伪劣产品、虚假广告宣传等层出不穷，打击假冒伪劣的报道在各种媒体上屡见不鲜。最早见诸报端的是1984年的"晋江假药案"：为牟取暴利，57家工厂在1983—1984年一年之间生产了7万多箱假药。接踵而来的是铺天盖地的"假酒"、"假烟"、"假化肥"、"盗版光碟"等报道。2001年9 800条"黑心棉"、2008年"三鹿奶粉事件"等诸如此类的假冒伪劣事件屡禁不止，这些轻则导致消费者蒙受直接的经济损失，重则危害消费者的身体健康，同时也危害了经济的健康发展，损害了守法经营的企业的利益。这种违背"诚信"这一道德原则的行为是应受法律制裁和道德谴责的。

（四）企业与所有者之间的伦理缺失

现代企业中所有权与经营权的分离，产生了代理问题。经理人的价值观和伦理道德观与所有者的伦理道德观的不一致，导致经理人为了追求自身的最大利益而偏离所有者的经营目标或损害所有者的权益。钱德勒教授曾说，现代企业职业经理人在作出管理决策时宁愿选择能使公司长期稳定和缓慢成长的决策，而不会为了高额利润冒很大的风险。由于管理者对公司的资产运营、利润分配、日常经营决策都有实际的控制权而所有者事实上脱离了公司的经营，管理者和所有者作为两个利益主体必然发生利益冲突，管理者可能会利用手中的权力谋取个人私利或是出现偷懒、渎职、违背诚信原则经营、不法经营等种种行为，这种情况被称为委托代理的"道德风险"。事实上这些情况在现实中时有发生。如何处理好所有者于管理者之间的关系，达到既保护所有者的合法权益，又能够有效地激励管理者为实现企业目标而努力工作，是企业面临的共同问题。

（五）企业与员工之间的伦理缺失

企业和员工之间在相互负有权利和义务的同时，也存在伦理缺失问题。员工有工作、获得公平报酬、在健康安全的环境中工作、诉讼等权利和遵守劳动合同、忠于企业、遵守法律和道德规范的责任，企业对于员工也有提供安全工作环境、公平招聘员工、遵循劳动法办事、接受员工的建议等责任和要求员工忠于企业、认真工作等权利。但是在利益的驱动下，企业和员工都可能会作出一些不道德的行为。企业与员工从各自的利益出发，在一定的条件下两者的利益可能发生冲突。例如员工要忠于企业就可能会与他们的个人利益相矛盾，员工的隐私权可能会与企业控制员工行为的权利相冲突等，如工作环境不安全、企业商业秘密被人为泄露等，这种行为往往会使员工身心受到伤害，企业的竞争力遭到破坏，损害员工和企业的生存和发展。

二、企业在对伦理的认识上存在误区

（一）企业经营和伦理道德无关，无需讲究企业伦理

与伦理道德不发生任何关系、超越社会伦理道德关系而采取所谓"伦理道德中立"的企业历来不存在。企业作为一种营利组织而非公益性慈善组织，从其产生起就不可避免地处于人、群体、社会所形成的各种社会关系之中，不可避免地在各种伦理关系中充当某种伦理道德的主体；作为企业人格化代表的企业家，既是经济关系中的角色，也是伦理道德关系中的角色。但是，在人类发展的特定历史阶段上，社会成员分裂为利益彼此对立的阶级、集团，人类和社会整体上的发展、社会少数人的发展常常是在牺牲社会大多数成员发展的基础上实现的，是在人的异化状态中实现的，于是出现了经济价值和伦理价值的矛盾问题（对社会大多数成员的发展来说）：一个企业在实现经

济价值和物质财富增加的时候，很可能采取了不利于人的发展的手段和形式。以上内容说明企业不可能不具有伦理性质，不可能和伦理不发生关系。

（二）伦理行为不一定会达到企业利润最大化

由于市场经济体制本身固有的缺陷和社会上不正当需求的存在，确有一些不义之商通过从事反伦理的营利活动而大发横财，即使在工业发达国家市场经济法制建设十分完备的情况下，上述情况也仍然存在。但是，非法的营利活动由于腐蚀、破坏着人和社会的进步和发展，历来为社会的伦理道德所不容，也日益为经济法律所不准，这类营利活动所赚的钱被人们贬称为"黑钱"。因此，非法的营利活动虽有可能得逞于一时，但终究会有朝一日因暴露而归于失败。即使从事合法的经营活动，如果不讲伦理道德，也会使企业日益陷入困境。市场体制中的商品交换的特点是消费者选择自由，购买活动是消费者选择和决策的结果。这种选择和决策不仅取决于消费者自身的需求，而且还取决于消费者对所需商品的了解、偏好、信任的程度。在卖方市场的情况下，由于商品供不应求，消费者的选择空间狭小，消费者只能降低对供方的要求，供方伦理道德上的种种缺陷和不足有可能不受到注意，即使商品和服务不尽如人意甚至十分令人不满，消费者也只能作出购买的抉择。但是，随着商品经济的发展，随着卖方市场转变为买方市场，随着消费者选择空间的扩大，消费者对供应者的要求就会越来越高，供方提供商品和服务过程中的伦理道德态度就会被消费者越来越重视。讲究伦理道德的营销活动会在消费者心目中产生积极影响，提高企业在消费者心目中的信誉，使消费者为下次购买活动准备好心理前提；反之，不讲究伦理道德的营销活动，则会在消费者心目中产生消极影响，降低企业的信誉，增加消费者下次购买活动的心理障碍。这就是为什么市场经济越发展、市场越是成为买方市场，供方的企业就越是要讲究形象和信誉、越是要注意企业形象的塑造和包装的原因。认为不讲伦理道德对企业实现利润最大化不会有妨碍，这实在是对现代市场和现代企业的不了解。

（三）伦理文化建设会使企业得不偿失

加强伦理文化建设，意味着企业要制订伦理原则和规范，设置伦理建设组织机构，对全体员工进行伦理教育，对生产经营活动进行伦理监督，在生产经营活动中讲社会效益、生态效益，讲究商品和服务的质量，这无疑需要加大投入；同时，加强伦理文化建设也意味着不能采取有损于伦理道德的经营手段，去经营那些有巨额利润却有害于人和社会发展的产品和项目，这无疑会减少收入。但是，应该看到，非伦理行为所带来的巨额利润只能是短期的，现代市场经济正越来越成为一种规范经济、信誉经济、文明经济、法制经济，企业的伦理、声誉已成为一种无形的资本、潜在的市场。这种无形的资本、潜在的市场是企业发展中长期起作用的因素。从这个角度看，企业伦理素质、伦理水平、伦理价值、伦理形象在一定条件下是可以转化为企业的经济效益的，可以转化为企业在经济上的利润和收入。加强伦理文化建设的投入归根到底是有利于企业长远发展的，从长远上讲是有利于企业的生存和发展的。

三、宏观环境制约企业伦理文化建设

（一）不良社会风气盛行

社会风气的好坏对企业的伦理建设有着很重要的影响。改革开放以来，我国出现了诸多以经济建设犯罪为特征的严重的腐败现象，这是新旧体制交替时期的伴生物。一些企业为了自己的私利，不惜使用各种手段来达到竞争中取胜的目的，客观上为某些领导干部以权谋私、贪污受贿起到推波助澜的作用，

加之假冒伪劣现象泛滥成灾，企业的三角债问题、不遵守合同、不守伦理等问题层出不穷，严重地败坏了社会风气，这无形中对企业产生了严重的影响，一些企业的领导以此为自己的企业违反伦理的行为找借口。

（二）法制环境不够健全

相对于迅速发展的经济建设，我国的法制建设相对滞后，一些法律规定不明确。很多不良商业行为钻了法律不明确的空子。此外，有法不依、执法不严、舆论等社会监督体系软弱无力等都是我国社会普遍存在的问题。所有这些都使得企业伦理建设处于一种尴尬的境地。没有法律强有力的依托和后盾，企业伦理文化建设往往流于形式，缺乏实效性。

（三）政府宏观调控力度不够

政府宏观调控的力度不够，为企业的道德失范行为大开方便之门。目前我国市场经济体制还不完善，还存在行政主体介入市场，企业往往在不规范的市场规则下采取不规范的牟利行为，有较强的功利主义特点的企业难以通过市场和社会的机制将其牟利行为转化为社会的福利。

第三章　绩效管理

第一节　绩效与绩效管理

一、绩效

（一）绩效的定义

根据《牛津现代高级英汉词典》的解释，绩效（performance）指的是"执行、履行、表现、成绩"。国内外学者们从不同的角度、不同的学科领域出发，对绩效的认识也有所不同。

从管理学的角度来看，绩效是组织期望的结果，是组织为实现其目标而展现在不同层面上的有效输出，包括个人绩效和组织绩效两个方面。组织绩效建立在个人绩效实现的基础上，但个人绩效实现并不意味着组织是有绩效的。

从经济学的角度看，绩效与薪酬是组织和员工之间的对等承诺关系，绩效是员工对组织的承诺，而薪酬是组织对员工所作出的承诺。一个人进入组织，必须对组织所要求的绩效作出承诺，这是进入组织的前提条件。当员工完成了对组织的承诺时，组织就以相应的薪酬实现其对员工的承诺。这种对等承诺关系的本质，体现了等价交换的原则，而这一原则正是市场经济运行的基本规则。

从社会学的角度看，绩效意味着每一个社会成员应按照社会分工所确定的角色承担他的那一份职责。人们间的相互协作构成整个社会，完成本人绩效是个人作为社会一员的义务。

随着管理实践的深度和广度不断增加，人们对绩效概念和内涵的认识也在不断变化。在实际应用中，对于绩效概念的认识，可划分为五种：①绩效就是完成工作任务；②绩效就是工作结果；③绩效就是行为；④绩效就是结果与过程（行为）的统一体；⑤绩效＝做了什么（实际收益）＋能做什么（预期收益）。上述五种绩效定义的适用情况如表3－1所示：

表3－1　　　　　绩效定义适用情况对照表

绩效含义	适应的对象	适应的企业或阶段
完成工作任务	体力劳动者；事务性工作者	
结果或产出	高层管理者；销售、售后服务或可量化工作性质的员工	高速发展的成长型企业、强调快速反应，注重创新的企业
行为	基层员工	发展相对缓慢的成熟型企业，强调流程、规范，注重规则的企业
结果＋过程（行为/素质）	普遍适用各类人员	
做了什么（实际收益）＋能做什么（预期收益）	知识工作者	

综合考虑对绩效内容与结构的不同理解，兼顾工作行为和结果，绩效可以定义为：绩效就是人们在工作过程中所表现出来的与组织相关的并且可以被评价的工作业绩、工作能力和工作态度。工作业绩是指工作的结果，工作能力和工作态度则是

指工作的行为，这些行为对个人或组织效率具有积极或消极的作用。

（二）绩效的基本特点

（1）绩效的多因性，即指绩效的优劣不只是取决于单一的因素，而受到员工的激励、技能、环境（企业内部及外部的客观条件）、机会的影响，其中前两者是员工自身的主观性影响因素，后两者则是客观性影响因素。

（2）绩效的多维性，即需沿多种维度进行分析与考评。

（3）绩效的动态性，即员工的绩效随着时间的转移会发生变化，绩效差的可能改进转好，绩效好的也可能退步变差。

企业绩效的三个特点可以在组织的不同层次上表现出来，分为组织绩效、部门绩效和员工绩效等（见图3－1）。由图3－1可知，企业的三层绩效是动态的，企业的组织绩效是建立在部门绩效和员工绩效基础之上的，当员工绩效由 A_1 增长至 A_2 时，部门绩效、组织绩效也相应地增长，由 B_1、C_1 分别增长至 B_2、C_2，相反，当员工绩效由 A_1 减少至 A_3 时，部门绩效、组织绩效也相应地减少，由 B_1、C_1 分别减少至 B_3、C_3。可见，企业应注重员工绩效的增长。只有当员工绩效持续增长，企业的组

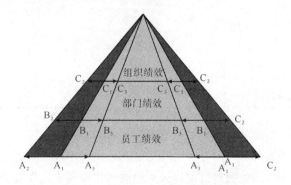

图3－1　企业绩效的三层次变动图

织绩效才能持续增长。本书将在研究员工绩效基础上，主要针对组织绩效进行研讨。

（三）绩效的影响因素

企业绩效受多种因素的制约，主要有员工技能、外部环境、内部条件及激励政策等。员工技能是指企业员工所掌握的工作技术和能力，是内在的因素，经过培训和开发是可以提高的；外部环境是指外部的政治环境、技术环境、社会环境、经济环境等的总称，是客观因素，我们是完全不能控制的；内部条件是指组织和个人开展工作所需的各种资源，也是客观因素，在一定程度上我们能改变内部条件的制约；激励政策是指促进组织和个人为达成目标而努力工作的主动性、积极性的措施，激励政策是主观因素。

在上述影响绩效的四个因素中，只有激励政策是主动性、能动性的因素。激励是引起一个人作出某种行为的某种东西，诸如惩罚或奖励的预期。由于理性人通过比较成本与利益作出决策，所以他们会对激励作出反应。激励是主体通过运用某些手段或方式满足组织成员需要，让激励客体在心理上处于兴奋和紧张状态，积极行动起来，付出更多的时间和精力，以实现激励主体所期望的目标。激励的目的是为了调动组织成员的工作积极性，激发他们工作的主动性和创造性，提高组织的效率。在绩效管理过程中，激励是管理者必须始终关注的问题。在员工理解目标及其重要性后，你还必须激励他们去追求既定目标。但是，如何去激励呢？在某些情况下，报酬体系已经被证明可以激励绩效。心理学上将能满足个人需要的外在事物叫作诱因，在管理上就是激励，人的行为是在外在诱因和内在动机共同刺激下的产物。每个人在心理上都把各个行为和某种结果相联系（奖励或惩罚），即人们认为如果自己的行为符合某种方式，他们就能得到某些回报。比如，个体可能会想，如果自己完成了既定目标时会得到正常的工资，如果超额完成任务时就会有奖金。同样，他们可能认为，某种绩效水平将带来团队成员或上级领导的认可。因此，管理者必须对优秀绩效提供报酬。当员工的积极绩效得到报酬时，他们就会受到在未来工作中继续保持同等优秀绩效水平的激励。

二、绩效管理

（一）绩效管理的定义

对于绩效管理而言，目前理论界与实务界侧重于管理学和经济学视角，将其定义为：绩效管理是将组织的和个人的目标联系或整合，以获得组织效率的一种过程；绩效管理是对所要达到的目标建立共同理解的过程，也是管理和开发人的过程，以增加实现短期和长期目标的可能性，使公司绩效不断提高。

罗杰斯（Rogers）和布雷德拉普（Bredrup）认为绩效管理是管理组织绩效的过程，包括三个过程：计划、改进和考查。后来，安思沃斯（Ainsworth）和史密斯（Smith）等人认为绩效管理应以雇员为中心，提出了绩效管理的过程应该包括计划、估计、修正。这种管理系统既要对组织的绩效进行管理，也要对员工的绩效进行管理，因为组织的目标是通过员工来实现的。

Costello 提出绩效管理是通过将各个雇员或管理者的工作与整个工作单位的宗旨连接在一起来支持公司或组织的整体事业目标。Walters 提出绩效管理就是结合组织需要对雇员进行指导和支持，以尽可能高的效率获得尽可能大的成果。

英国理查德·威廉姆斯在所著的《业绩管理》中把绩效管理系统分成四个部分：指导计划、管理支持、考查评估、发展奖励。Craig Eric Schneier，Richard W. Beatty 认为绩效管理系统应是一个完整的周期，包括衡量和标准、达成契约、规划、监督、控制、评估、反馈、人事决定、开发、衡量和标准，如此反复。

英国的人力研究学会（IMS，Institute of Manpower Studies，现改名为就业研究学会）的问卷中把绩效管理系统分成：与战略相联系的绩效计划、获得员工承诺、设定单元目标、协商个体绩效目标和标准、观察雇员绩效、收集雇员绩效资料、给予反馈和指导、进行正式的绩效评估、绩效工资。

目前理论界与实务界普遍认同的观点是：绩效管理通常被看作是一个由绩效计划、绩效评价、绩效反馈与绩效改进 4 个步骤形成的循环，是一个完整的系统。在这个系统中，组织、经理和员工全部参与进来，经理和员工通过沟通的方式，将企业的战略、经理的职责、管理的方式和手段以及员工的绩效目标等管理的基本内容确定下来，在持续不断沟通的前提下，经理帮助员工清除工作过程中的障碍，提供必要的支持、指导和帮助，与员工一起共同完成绩效目标，从而实现组织的远景规划和战略目标。

但是本书认为，上述对绩效管理的界定存在明显的不足，即忽视了基于社会学视角研究的绩效管理与基于管理学和经济学视角研究的绩效管理的有机融合。也就是说，随着伦理理念被普遍运用于企业实践，单纯从管理学和经济学视角分析企业创造的绩效已不能满足企业可持续发展的需要，只有有机结合起来，才能使企业创造持续的绩效，进而促进社会总体福利水平的显著提高，见图 3 - 2。

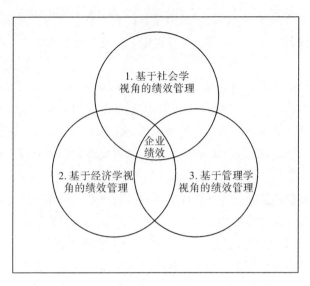

图 3 - 2

由图 3 - 2 可知，单纯经济学、管理学视角下形成的绩效或单纯社会学视角下形成的绩效不等于企业真正的绩效尤其是企业的可持续绩效，必须三者有机结合，才能创造出企业的绿色绩效，才能真正实现企业绩效或企业价值最大化目标。

（二）绩效管理的发展历程

早期的管理层大多凭感觉来管理公司，一直到 19 世纪末期人们才开始注意到组织的绩效问题，并不断地加以深入研究。绩效管理的发展主要经历了五个发展阶段，每个阶段的理论基础、具体特征见图 3 - 3。本书选取绩效管理发展历程中具有重要影响的科学管理、行为科学管理、目标管理、人本管理四个基础理论下的绩效管理为主要研究内容。

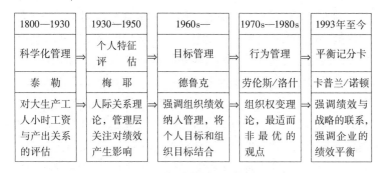

1800—1930	1930—1950	1960s—	1970s—1980s	1993年至今
科学化管理	个人特征评估	目标管理	行为管理	平衡记分卡
泰勒	梅耶	德鲁克	劳伦斯/洛什	卡普兰/诺顿
对大生产工人小时工资与产出关系的评估	人际关系理论，管理层关注对绩效产生影响	强调组织绩效纳入管理，将个人目标和组织目标结合	组织权变理论，最适而非最优的观点	强调绩效与战略的联系，强调企业的绩效平衡

图 3-3　绩效管理理论的发展阶段

1. 科学管理理论下的绩效管理

科学管理理论是"科学管理之父"弗雷德里克·温斯洛·泰勒在其著作《科学管理原理》（1911 年）中提出的。泰勒的科学管理主要有两大贡献：一是管理要走向科学，二是劳资双方的精神革命。

基于科学管理理论的绩效管理是整个绩效管理理论发展的萌芽阶段。这一时期由于产品的生产无法满足社会需求，企业面对的是以生产为导向的经济环境，绩效管理理论主要是针对员工进行研究，着重研究如何提高单个工人的生产率，调动员工的积极性，其代表人物有泰勒、吉尔布雷夫妇以及干特等。泰勒的科学管理理论的重要贡献在于提出了经济人假设，注重任务管理，明确责任分工，其主要内容包括：①对工人工作的各个组成部分进行科学分析，以科学的操作方法代替陈旧的操作方法；②科学挑选、培训工人，提高工人的技能，激发工人的进取心；③摒弃个人主义，促进工人之间的相互协作，共同完成规定的工作任务；④管理人员和工人应该各尽其职。泰勒认为科学管理的根本目的是谋求最高劳动生产率，最高的工作效率是雇主和雇员达到共同富裕的基础，要达到最高的工作效率的重要手段是用科学化的、标准化的管理方法代替经验管理。

最佳的管理方法是任务管理法，即特定的管理体制下，工人们发挥最大程度的积极性；作为回报，从他们的雇主那里取得某些特殊的刺激。这种管理模式将被称为"积极性加刺激性"的管理，或称任务管理。但是科学管理理论有很大的局限性，最明显的局限性是认为工人是"经济人"。科学管理重视物质技术因素，忽视人及社会因素。他将工人看成是机器的附属品，是提高劳动生产效率的工具，因此在生产过程中强调严格的服从，他没有看到工人的主观能动性及心理社会因素在生产中的作用，认为人们只看重经济利益，根本没有责任心和进取心。对工人的错误认识必然导致科学管理理论在实践中的局限性。因此，这一阶段绩效考核注重员工的工作结果，注重数量指标而非质量指标，员工没有自主权，只能服从管理人员的指挥，采用标准化的作业程序提高工作效率，就可以得到令考核者满意的绩效结果。这一阶段绩效考核虽然忽视了员工的主观能动作用和他们的精神需求，但是对企业的发展仍然起到了积极的促进作用。20 世纪初，受科学绩效管理的影响，杜邦三兄弟开创了财务比率金字塔的杜邦分析法和投入产出分析法（ROI），来评价企业的绩效。1920 年，Geoffrey Chandler 和 H. Thomas Johnson 提出了传统财务概念，即用现金流量、资产负债、利润率等基本财务指标来衡量企业的绩效。

2. 行为管理理论下的绩效管理

行为管理理论是现代管理学中的新兴理论，产生于 20 世纪 30 年代，正式被命名为行为科学是在 1949 年美国芝加哥的一次跨学科的科学会议上。行为科学以人的行为以及其产生的原因为研究对象，主要从人的需要、欲望、动机目的等心理因素角度研究人的行为规律，特别是研究人与人之间的关系、个人与集体之间的关系，并借助于这种规律性的认识来预测和控制人的行为，以实现提高工作效率达成组织的目标。对员工进行绩效管理更加注重对员工较高层次社会需求的满足，如注重员工在绩效管理过程的前期沟通、过程中的合作控制、绩效结果的反馈利用等。这一时期绩效管理的特征主要体现在：①员工的态度和行为成为绩效考核的重要方面。②考虑需求层次，提高员工绩效。③通过提高个人绩效达成组织绩效。④组织中非正式组织对员工个人绩效的产生具有重大的影响。这一阶段绩效管理的重心开始从对员工工作结果简单评价向对员工工作过程的考核转移。绩效考核的基本理念在于，希望员工不仅重视目标的实现，也要看重实现目标的行为过程。也就在这个时候人力资源学界已逐渐将"绩效评估"一词改为"绩效管理"。事实上，这个趋势与当时流行的组织扁平化、加强员工参与、充分授权赋能等有着密不可分的关系，为以人为本的绩效管理提供了理论基础。

3. 目标管理理论下的绩效管理

目标管理理论是由现代管理大师彼得·德鲁克根据目标设置理论提出的目标激励方案。其基础是目标理论中的目标设置理论。目标管理又称为成果管理，它是在泰勒的科学管理和行为科学管理理论的基础上形成的一套管理制度，强调组织群体共同参与指定具体的可行的能够客观衡量的目标。德鲁克认为：企业的目的和任务必须转化为目标，目标的实现者同时也是目标的制定者。首先，他们必须一起确定企业的航标，即总目标，然后对总目标进行分解，使目标流程分明。其次，在总目标的指导下，各级职能部门制定自己的目标。再次，为了实现各层目标，必须下放权力，培养一线职员主人翁的意识，唤起他们的创造性、积极性、主动性。除此之外，绝对的自由必须有一个绳索——强调成果第一，否则总目标只是一种形式，而没有实质内容。他强调："凡是工作状况和成果直接地、严重地影响着公司的生存和繁荣发展的地方，目标管理都是必要的，经理所能取得的成就必须来自企业目标的实现，其成果必须用他对企业的成就有多大贡献来衡量。"

美国马里兰大学管理学兼心理学教授洛克在研究中发现，外来的刺激（如奖励、工作反馈、监督的压力）都是通过目标来影响动机的。在一系列科学研究的基础上，他于1967年最先提出"目标设置理论"，认为目标本身就具有激励作用，目标能把人的需要转变为动机，使人们的行为朝着一定的方向努力，并将自己的行为结果与既定的目标相对照，及时进行调整和修正，从而实现目标。

这一阶段绩效管理开始于目标，目标就是大家努力要得到的结果。Lucy Zhou认为是注重结果而不是对行为过程的管理。如果缺乏目标，大伙的时间精力将浪费在无关紧要的事情上，不利于公司的发展。目标的制定要坚持自下而上、自上而下的原则，体现出互动、自主、自愿。让部门、员工个人参与目标的制定，可以激发员工的上进心和创造力，也就会产生好的效果。将绩效考评引入目标管理的全过程，从目标制定到目标执行再到实现目标都实施绩效考评，并对考评结果给予科学的奖惩，促使每一个管理人员与员工能够自觉将个人目标与组织目标相统一，既实现个人目标又实现组织目标。

4. 人本管理理论下的绩效管理

进入20世纪90年代，人本管理逐渐为人们所重视。人本原理是管理学四大原理之一，是一系列"以人为中心"的管理理论与管理实践活动的总称。张文贤等在《管理伦理学》（1995）中提出，如果说泰勒的科学管理、梅约的行为科学是管理科学发展史上的两个里程碑，那么，管理伦理学就是管理科学发展史上的第三个里程碑。舒尔茨指出，人的知识、能力、健康等人力资本的提高对经济增长的贡献远比物质、劳动力数量的增加重要得多。管理归根到底是对组织中人的管理，最大限度发挥人的主观能动性，并在满足组织需求的同时帮助个人实现自身价值、社会价值，是现代管理理论的一大特点，人力资本管理理论、知识资本管理理论、企业文化管理理论等，都鲜明地体现出这些特点。

进入经济飞速发展的 21 世纪后，绩效管理的发展更趋于差异化，在"以人为本"的核心管理理论指导下，现代绩效管理理论基本形成。绩效管理逐渐从以控制为目的的绩效考核转向为绩效计划、绩效实施、绩效考核、绩效反馈、绩效结果考核一整套系统的管理过程，并由此产生了目标管理法、平衡计分卡、360 度考核等绩效管理方法。"以人为本"理论下的绩效管理在管理的价值取向上更加注重员工潜能绩效的开发，在管理的操作中更加注重绩效的反馈和沟通等。

只有将个人成长所处的社会历史文化环境考虑到对个人的管理中，充分顾及个人所具有的社会性因素，并从文化认知的角度来统一组织内个人的思想，才能调动组织中个人的工作热情，个人的能力开发才能与组织的需要保持一致。绩效管理是为员工设立工作目标，并为目标的实现提供必要的条件，引导员工的行为，对员工的行为进行监控，及时进行反馈纠正，通过各种奖励措施加以强化，从而最终影响甚至改变员工的思想，最终形成一种企业员工普遍认同的思维方式和行为方式，这样一种改良甚至全新的企业文化就形成了。

（三）绩效管理的内容

绩效管理包括绩效计划、绩效实施与管理、绩效评估、绩效反馈与绩效结果的运用五个步骤，是一个完整的系统。

1. 绩效计划

绩效计划作为绩效管理的第一步，其主要任务在于设立明确的目标。在设立目标时要重视员工的参与性和目标的可接受性。因为员工本人参与了目标的制定，就会对形成的目标认同，就会从心理上承诺去实现目标。这一部分主要是把公司的整体战略与部门和员工个人的工作目标联系起来，确定员工个人具体的标准和行为，为绩效考核提供依据，同时获得员工对目标的承诺。这一部分需要对公司的战略目标进行分解，首先会分解到部门，再到一个团队，最后具体到个人。①

第一步，预设目标。这只是暂时的、可以改变的预案。这个预设的目标，既可以先由上级提出，再与下级讨论设定；也可以由下级提出，再经上级批准。第二步，重新审议组织结构和职责分工，根据新的分解目标进行调整，明确目标责任者和协调关系。第三步，确定下级的目标。在讨论中要发挥员工的参与作用，帮助员工建立与组织目标相一致的支持性目标。第四步，上级和下级就实现各项目标所需的条件和目标实现后的奖惩达成协议。②

2. 绩效实施与管理

在计划实施的过程中，主管领导要与员工双方随时保持联系，全程跟踪计划进展情况，发现问题，分析问题的障碍并解决问题，必要时修订计划。在这一过程中，要重视沟通的作用。因为真正决定绩效的是绩效管理中沟通的质量和水平。在绩效计划的实施过程中，对绩效计划中不合理的地方进行调整，加强管理者与被管理者之间的双向沟通，共同解决问题，使被管理者在绩效实施的过程中得到尊重，激发被管理者工作的积极性与创造性。

3. 绩效评估

绩效评估是对员工一段时期工作态度、工作成果的综合评

---

① 淑红. 绩效管理对组织公平感的影响研究 [D]. 人类工效学，2005(1).

② 罗明亮. 企业绩效管理与员工组织公民行为关系的研究 [D]. 河南大学，2005 (5).

价，是对员工工作绩效的测量与认定。绩效评估的任务是尽可能客观真实地对员工的绩效作出评价，同时又尽可能让员工感到满意。现在比较推崇的一种做法是360度绩效评估方式。360度绩效评估方式可称为多源评估或多角度评价，它不同于自上而下由上级主管评定下属的传统方式，评价者包括上级主管、同事、下属、客户，还包括员工的自评等（张宏云等，2000）。

4. 绩效反馈

美国心理学家斯金纳（B. F. Skinner）提出的强化理论认为人的行为是对其所获刺激的函数：如果这种刺激对他有利，则这种行为就会重复出现；若对他不利，则这种行为就会减弱直至消失。因此，绩效反馈是很重要的。在这一过程绩效管理强调自主、自治和自觉。这是员工执行任务的过程。组织在这个过程中，应该对员工的绩效进行反馈、监督和指导。对员工的绩效进行反馈，帮助他们排除工作中遇到的障碍、进行业务指导和及时调整目标是这一阶段的主要任务，这一阶段中组织的作用可被认为是帮助员工尽可能好地实现目标。

在这一部分首先是要进行定期检查，利用双方经常接触的机会和信息反馈的渠道自然进行；其次要向下级通报进度，使员工互相协调；最后要帮助下级解决工作中出现的困难问题，当出现意外、不可测事件严重影响组织目标实现时，也可以通过一定的程序，修改原来的目标。

5. 绩效结果运用

评估结果运用包括进行人事决策和培训发展。组织根据绩效评估的结果作出相应的人事决定，如根据绩效评估结果为员工确定薪酬，确定是否需要更换岗位，是否适合晋升等。绩效评估另一重要用途是确定发展计划。这一用途日益被组织所重视（PamenterFred，2000）。绩效评估结果为员工的发展培训提供依据，如哪些员工需要培训，需要何种培训，有多少员工需要这种培训等。另外，管理者也要及时主动地与存在绩效问题的员工进行沟通，让员工正确地认识自己存在的绩效问题，并用教导、培训等积极方式帮助员工解决绩效问题，提高员工的绩效。

综上所述，企业绩效管理的基本内容可以归纳为三大方面：绩效计划（目标设定）、绩效指导（绩效实施与管理）和绩效评价（绩效评估、绩效反馈和绩效结果的运用）。其基本流程如图 3 - 4。

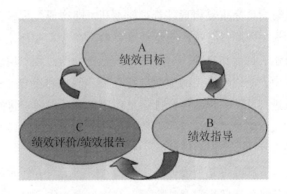

图 3 - 4   绩效管理的基本内容

（四）绩效管理的功能

1. 计划功能

绩效计划是绩效管理过程的起点。在进行职位分析工作分析、人员资格条件分析之后，经理和员工一起讨论，搞清楚在计划期内员工应该做什么工作，做到什么地步，为什么要做这项工作，何时应做完。通常绩效计划都是作一年期的，在年中也可以修订。

2. 协调功能

绩效管理是一个管理系统，在实施绩效计划的过程中，会遇到许多问题与矛盾需要及时解决，这就要求管理者在既定的绩效计划下，加强对员工的绩效指导，通过与员工充分沟通，增进员工与管理者之间的相互信任和认同，在帮助员工提高个人绩效的同时，最大限度地提高部门绩效和企业整体绩效。

3. 激励功能

激励功能主要体现在企业绩效评价结果的运用上。通常，企业通过物质激励、职位激励和精神激励来提升员工的积极性。物质激励主要体现在绩效工资或职工薪酬上。按照期望理论的观点，将工资或薪酬与绩效相关联，能够激活员工的工作动机和激发员工的工作积极性和创造性；职位激励主要体现在人员晋升、降职调职等方面，企业通过指导员工制定个人绩效目标，激活员工的工作动机，使员工的行为朝着一定的方向努力；精神激励主要体现在员工对组织的满意感和忠诚度等，从而使员工能够更好地融入企业文化中。

4. 整合功能

绩效管理在企业的人力资源管理系统中处于核心的位置，它把人力资源的各项功能整合为一个内在联系的整体，并通过为员工设定个人目标从而与组织的整体目标和战略相联系。同时绩效管理为员工的薪酬制定、培训、晋升、工作安排、来年的目标设定提供依据，为人员招聘和选拔提供参考。根据绩效评估的结果进行提升和工作调换的用人制度比传统的用人制度更加合理和科学，对中国传统的"任人唯亲"的做法是一个挑战和冲击。

（五）绩效管理的特点

绩效管理是一种在充分肯定员工对企业绩效的基础上，创造一种环境，让职员能获取、共享、使用组织内部和外部的信息以形成个人知识，并支持、鼓励个人将知识应用、整合到组织产品和服务中去，最终提高企业创新能力和市场反应速度的管理理论和实践。绩效管理能在组织内部为组织成员创造更多展现自己的机会和发展自己的条件，从而最大限度地调动组织成员的积极性。"工作""职责"等概念本身都发生了根本转变。经理的职责从监管变成了领导和指导，大量组织成员在增加了责任的同时工作的主动性也得到了增强。

首先，绩效管理把强调的重点从评价转移到了分析。这使下级不再只是被上级检查以便确定他的短处，还要明确他的长处和潜力。下级变成了一位积极的代理人，而不再是一个被动的"对象"。他不再是被当作管理水平提高的这一盘棋中的"卒"。组织不再强迫成员接受组织的目标，员工担当起开发他自己的潜在能力的责任，员工规划自己并且学习如何把自己的计划付诸行动。员工通过运用自己的能力，达到自己和组织的目的，会得到一种真正的满足感。

其次，在绩效管理系统中，上级不是在授意、作决定、提出批评或提出表扬，不是"扮演上帝"。上级的角色变成了一个倾听者，他使用关于组织的知识作为劝告、指导，鼓励他的下级发掘他们自己的潜在能力。另外，绩效管理重点强调的是未来，而不是过去。我们可以鼓励员工为自己建立绩效目标，并就他自己朝着这些目标的进步作出公正的评价。即使是那些遭遇失败的下级，也能够得到帮助，考虑对于他们自己什么样的行动是最合适的，绩效管理的目的是建立符合实际的靶的并且寻求达到靶的最有效的方法。

第二节　绩效管理主要方法

企业绩效管理的主要方法有360度反馈绩效管理、关系绩效指标（Key Performance Indicator，KPI）法绩效管理、平衡记分卡等。

一、360 度反馈绩效管理

在当前市场环境下，光有竞争优势是不够的，必须能够保持这种优势。这就需要企业不断地创新、改进和变化，只有这样，企业才能进入新的市场，增加收入和利润。

围绕企业的战略目标（定位），我们可以从财务、顾客、内部过程、学习与创新四个方面对企业的管理绩效进行考核。

（一）360 度反馈的定义

360 度反馈的定义也称为全视角考核或多个考核者考核，就是由被考核者的上级、同事、下级和客户（包括内部客户、外部客户）以及被考核者本人担任考核者，对被考核者进行 360 度全方位考核，再通过反馈程序，达到改变行为、提高绩效管理等目的。

360 度，顾名思义，就是多角度或多视角。我们可以把它设想成一个圆圈，被考核者处于圆心，考核者分布在被考核者的四周，正如图 3－5 所示，上级考核处于 0 度位置，顺时针旋转 90 度为同级考核，180 度为下级考核，270 度为客户考核，中间为被考核者本人的自我考核。这种方法的出发点就是扩大考核者的范围与类型，从不同层次的人员中收集考核信息，从多个视角对员工进行综合考核。这种方法为了达到有效考核，从所有可能的渠道收集信息，获取组织成员行为观察资料，集中各种考核者的优势，使考核结果公正而且全面。

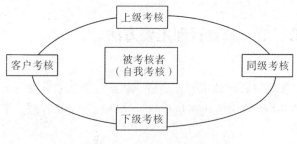

图 3-5 360 度反馈示意图

（二）360 度反馈的绩效管理程序

为了保证考核达到预期的目的，360 度反馈对实施过程有着严格的要求，否则只是改变现有的考核的维度和方式，不仅不能体现其优越性，而且可能会带来许多问题。因此，必须根据组织的实际情况和需要，认真设计正规的、有针对性的 360 度反馈方案和实施过程。360 度反馈的一般实施过程包括以下几个方面（见图 3-6）：

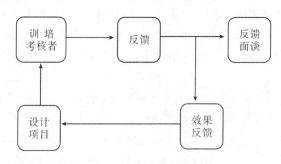

图 3-6 360 度绩效管理程序图

1. 第一阶段：考核项目设计

在确定实施该考核方法后，应编制基于职位胜任特征模型的考核问卷，这些问卷可以针对本企业的特殊要求编制，也可以向咨询企业购买成形的问卷，但一定要考虑周到，不能简单搬用基于异国文化、不同行业的问卷，最好作一些需求调查，再决定采用什么考核问卷。

2. 第二阶段：培训考核者

组建360度反馈队伍。此处应注意的是对于考核者的选择，无论是由被考核者自己选择还是由上级指定，都应该得到被考核者的同意，这样才能保证被考核者对结果的认同和接受。然后，对被选拔的考核者进行如何向他人提供考核和反馈方法的训练和指导。

3. 第三阶段：实施360度反馈

实施360度反馈主要包括以下几个环节：

（1）实施360度反馈需要对具体实施过程加强监控和质量管理。比如，从问卷开封、发放、宣读指导到疑问解答、收卷和加封保密过程，实施标准化管理。如果实施过程未能做好，整个结果可能无效。

（2）统计考核信息并报告结果。目前，已有专门的360度反馈软件支持统计评分和报告结果，包括多种统计图表的绘制和及时呈现，使用起来相当方便。

（3）对被考核者进行如何接受他人考核信息的培训，可以采用讲座和个别辅导的方法进行，关键在于建立对于考核目的和方法的可靠性的认同。与奖励、薪酬挂钩只是一个方面，更要让被考核者体会到，360度反馈结果最主要的是用于为员工改进绩效和职业生涯规划提供咨询建议。

（4）企业管理部门针对反馈的问题制订行动计划，这一环节也可以由咨询企业协助实施，由它们独立进行信息处理和结果报告。

4. 第四阶段：反馈面谈

在这一阶段要确定进行面谈的成员和对象，进行有效地考核反馈，帮助被考核者进行职业生涯规划。

5. 第五阶段：效果考核

这里主要指现场考核和反馈工作完成后需要进行的工作，包括两个步骤：

（1）确认执行过程的安全性。由于 360 度反馈中包括了下级、同事及其他人员的考核，要检查信息收集过程是否符合考核要求。此外，在信息处理时，还应当考虑不同信息来源的考核准确性的差异。

（2）考核应用效果。客观考核这种方法的效果，此外，应当总结考核中的经验和不足，找出存在的问题，为下一次考核积累经验，从而不断完善整个考核系统。

（三）360 度反馈绩效管理的特点

360 度反馈作为一种人力资源开发与管理的方式，主要有下列特点：

1. 全方位、多角度

从任何一个方面单独去观察员工作出的判断都难免片面。360 度反馈的考核者来自企业内外的不同层次，这样对被考核者的了解更深入，因此得到的考核信息角度更多，考核结果更全面、更客观。同时，员工对管理者的直接考核实际上促进了员工参与管理。

2. 基于胜任特征

胜任特征是指能将某一工作中表现优秀者与表现平平者区分开来的个体潜在的深层次特征，它是工作行为设计的依据。

3. 误差小

360 度反馈的考核不仅来自不同层次，而且每个层次的考核者都有若干名，考核结果取其平均值，从统计学的角度看，其结果更接近于客观情况，可减少个人偏见及评分误差。

4. 分类考核

这些不同的被考核者，例如企业管理者、职能部门总经理和业务部门总经理，营业部总经理等分别使用不同的考核量表，针对性强。

5. 实行匿名考核

为了保证考核结果的可靠性，减少考核者的顾虑，360 度反馈采用匿名方式，使考核者能够客观地进行考核。另外开放式问题可搜集到很多比较中肯的考核意见。

二、KPI 绩效管理

我们知道，要改进绩效考核就需要设定相应的绩效考核指标。如果没有绩效考核指标，就无法得知什么是所期待的目标，也无法对目前的现状和结果进行考核，更无法知道现在的绩效表现与期望是否有差距，也就不知道该提高到什么程度。

（一）KPI 绩效管理体系

关键绩效指标（Key Performance Indicator）简称为 KPI，是指企业宏观战略目标决策经过层层分解产生的可操作性的战术目标，是宏观战略决策执行效果的监测指针。

KPI 是衡量企业战略实施效果的关键指标，其目的是建立一种机制，将企业战略转化为内部过程和活动，以不断增强企业的核心竞争力和持续取得高效益，使考核体系不仅成为激励约束手段，更成为战略实施工具。

（二）KPI 的设计程序

无论是应用于组织、部门、团体还是个人的绩效考核，我们都期望得到这样一种绩效考核的指标体系：

（1）能清晰描述绩效考核对象的增值工作产出；

（2）针对每一项工作产出提出了绩效指标和标准；

（3）划分了各项增值产出的相对重要性等级；

（4）能追踪绩效考核对象的实际绩效水平，以便将考核对象的实际表现与要求的绩效标准相对照。

按照这样的指标体系标准，我们可以从以下几个步骤设计基于关键绩效指标体系的绩效考核体系（见图3-7）。

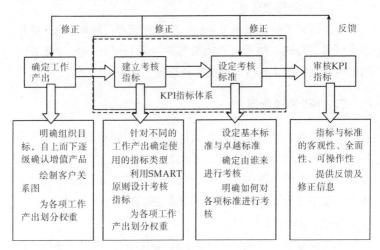

图3-7　基于关键绩效指标体系设计

（三）确定 KPI 绩效管理的方法

1. 标杆基准法

标杆基准法是企业将自身的关键绩效行为与最强的竞争企业或那些在行业中领先的、最有声望的企业的关键绩效行为作为基准进行考核与比较，分析这些基准企业的绩效形成原因，在此基础上建立企业可持续发展的关键绩效标准及绩效改进最优策略的程序与方法。

在 KPI 指标和指标值的设定上，参考较强的竞争企业或那些在行业中领先的、最有声望的企业的做法是很有必要的，它能够帮助企业明确目标和方向，清楚自身的差距，以便更好地确立重点、改进工作。但是，在具体 KPI 指标的设计上，还应该考虑到企业自身的特点与发展阶段。很多在行业中领先的、最有声望的企业，由于发展阶段、自身的业务和技术水平，面临的竞争环境以及管理水平等不同，设定的 KPI 相应就会有所不同，如果一味模仿，很容易将企业引入迷途。

2. 成功关键分析法

本方法就是要寻找一个企业成功的关键要点是什么，并对企业成功的关键要点进行重点监控。通过寻找企业成功的关键，层层分解从而选择考核的 KPI。基本思想是通过分析企业获得成功或取得市场领先地位的关键因素，提炼出导致成功的关键绩效模块，再把业绩模块层层分解为关键要素。为了便于对这些要素进行量化考核与分析，需将这些要素细分为各项指标，即 KPI。

3. 策略目标分解法

本方法采用的是平衡计分卡的思想，即通过建立包括财务指标与非财务指标的综合指标体系对企业的绩效水平进行监控。

（1）确定企业战略。企业各级目标的来源必须是企业的战略目标，只有经过战略目标的层层分解，才能保证所有的部门和员工的努力方向与企业保持一致。

（2）业务价值树分析。业务重点是为了实现企业的战略目标必须完成的重点，这些业务重点就是企业的关键绩效领域。战略目标确定以后，我们就要通过业务价值树分析，对战略方案和计划进行考核，并按照它们对企业绩效创造的贡献大小进行排序，分别建立企业的价值体系，并以此找出企业中数目有限的关键战略价值驱动因素，进而确定关键的岗位和部门。

（3）关键驱动因素分析。通常我们要进行两方面工作：一是进行关键驱动因素的敏感性分析，找出企业整体价值最有影响的几个财务指标；二是将滞后的财务价值驱动因素与先行的非财务价值驱动因素连接起来。

（四）KPI 的特征

KPI 是对企业及组织运作过程中关键成功要素的提炼和归纳，具有以下特征：

（1）将员工的工作与企业远景、战略与部门相连接，层层分解，层层支持，使每一员工的个人绩效和部门绩效都与企业的整体效益直接挂钩。

（2）保证员工的绩效与内外客户的价值相连接，共同为实现客户的价值服务。

（3）员工绩效考核指标的设计是基于企业的发展战略与流程，而非岗位的功能。

所以，关键绩效指标与一般指标相比，把个人和部门的目标与企业整个的成败联系起来，具有更长远的意义。KPI 指标体系集中测量我们需要的行为，而且由于其少而精，就变得可控与可管理。对于员工而言，关键绩效指标体系使得员工按照绩效的测量标准和奖励标准去做，可真正发挥绩效考核指标的牵引和导向作用。

三、基于平衡计分卡的绩效管理

（一）什么是平衡记分卡

平衡记分卡（Balanced Score card）是由美国哈佛商学院 Robert Kaplan 与复兴国际方案总裁 David Norton 在对 10 余家绩效管理处于领先地位的公司经验进行总结的基础上提出来的方法，它的突出特点是将企业的远景、使命和发展战略与企业的业绩评估系统联系起来，把企业的使命和战略转变为具体的目标和考核指标。平衡记分卡以企业的战略为基础，将各种衡量方法整合为一个有机的整体，既包括了传统的财务指标，又通过客户的满意度、内部流程及学习成长指标来弥补财务指标的不足。（见图 3 - 8）

1. 财务角度

从财务角度看，我们应怎样满足股东、满足投资者？如何实现股东价值的最大化？财务评价指标是股东、投资者最关心的指标，它能全面、综合地衡量企业经营活动的最终成果，可以衡量公司给股东创造的价值。典型的财务评价指标有资产负债率、流动比率、速动比率、应收账款周转率等。

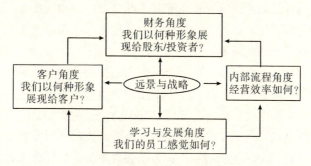

图 3 - 8　平衡记分卡结构示意图

2．客户角度

为了满足股东、投资者的长远回报，我们必须关注我们的利益相关者——客户，关注我们的市场表现。在客户至上的年代，向客户提供所需要的产品和服务，从而满足其需要，企业才能生存和发展。客户角度正是从质量、性能、服务等方面评价企业的业绩。因此，企业要从客户的角度设定绩效考核指标，提高服务质量，提高产品性能，使客户满意。这一方面的评价指标通常包括客户维持率、客户满意度等。

3．内部流程角度

为了满足顾客需求，获得市场竞争优势，从内部流程角度思考：我们必须擅长什么？我们应具有什么样的优势？一个企业不可能在每一个环节都做到最好，但必须在某些环节拥有竞争优势，它才能立足。因此，把企业做得好的方面找出来，把需要提高竞争优势的方面找出来，制定评估指标，改善管理流程及业务流程，企业就能练出过硬的本领。这一方面的评价指标通常包括新产品推出能力、设计能力、技术水平等。

4. 学习与发展角度

为了满足顾客需求，提升运营效率，持续提升并创造股东价值，企业必须不断发展，组织和员工的不断学习是非常重要的。从长远的角度看，企业唯有不断学习与创新，才能实现长远的发展。这一方面的评价指标通常包括员工流动比率、员工满意度、培训费用等。

因此，平衡记分卡是一个以公司战略为基础，以因果分析为手段，从财务、客户、内部流程、学习与发展等几个方面层层展开的战略管理系统。平衡记分卡的上述四个方面实际上是相互支持的：为了获得最终的财务绩效，我们必须要有良好的市场表现，关注我们的客户；为了获取市场，我们必须在内部流程上做一些改善；为了让内部流程有效，我们的员工必须能够不断学习和发展。

(二) 平衡计分卡的考核标准

一个好的综合平衡计分卡应该体现出企业的战略，我们可以从以下三个方面对此考核。

1. 因果关系

综合平衡计分卡所包含的每一个考核指标都应与企业的战略发展方向具有因果关系。

2. 绩效驱动器

常用的财务指标往往是"滞后指标"，而绩效驱动器即各种业务指标，体现了在不同的战略下对被考核对象的行为驱动。一个好的综合平衡计分卡应当兼有先行指标和滞后指标。

3. 与财务挂钩

目前许多企业纷纷放弃原有的财务考核体系，因而走向了另一个极端：片面注重质量、客户满意度等业务指标。实际上，尽管这些目标的确具有战略意义，但归根到底还应当与财务指标相联系。

（三）平衡记分卡的作用

平衡记分卡的作用就是根据企业的战略要求而精心设计一套综合指标体系，作为一种绩效管理的工具，它将企业战略目标逐层分解转化为各种具体的相互平衡的绩效考核指标体系，并对这些指标的实现状况进行不同时段的考核，从而为企业战略目标的实现建立起可靠的执行基础。它的具体作用表现在以下几个方面：

1. 平衡记分卡可以为组织绩效管理提供战略框架

平衡记分卡从企业的战略目标和对目标市场的价值定位出发，把战略转化为明确的目标，将目标逐层分解，转化为绩效指标并落实到下级部门直至个人。组织及其部门的平衡记分卡体现出实施组织战略的一个构想，为绩效管理提供了一个战略框架。（见图 3 - 9）

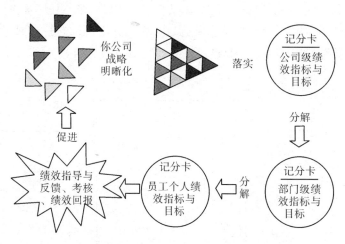

图 3 - 9　平衡计分卡与公司战略连接系统

2. 平衡记分卡可以促进组织学习

明晰战略，定义目标，制定指标，讨论目标之间的战略性关联的整个过程本身，就是一个管理者学习的过程。组织中所有的人都参与其中，互相探讨他们在工作中积累的经验，这就会形成一种持久的学习氛围。一旦这种学习氛围得以实现，企业的内部流程和员工的行为就能得到更好的协调，绩效就有可能提高。而且平衡记分卡的学习角度能够激励组织成员学习，不断促进组织变革，持续改进组织绩效。

3. 平衡记分卡可以协调组织内部关系

平衡记分卡的实施，有助于消除组织内部各部门之间的隔阂，减少部门间的摩擦。通过改进业务流程、加强跨部门的信息或材料流在不同部门间建立相互关联、相互支持的目标。应用平衡记分卡，利于减少上下级之间的摩擦，更好地连接公司、部门、个人三个层面的目标，为实现目标和达到绩效目标提供激励。

4. 平衡记分卡能充分调动员工工作的积极性与主动性

根据马斯诺需求理论，企业将平衡记分卡与薪资、福利及利润分享计划等物质激励措施结合；将绩效成绩与任职资格认证、能力素质测评的结果结合，并据此决定员工的精神回报，极大地调动了员工的积极性和主动性。（见图3-10）

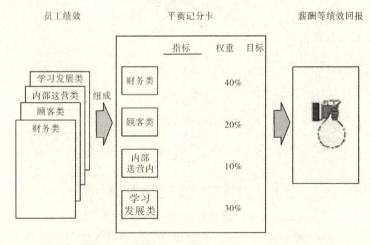

图3-10 平衡记分卡与企业薪酬系统结合图

（四）使用平衡记分卡应注意的事项

事实上，平衡记分卡不仅是绩效管理工具，更是战略管理工具，它解决了长期以来困扰战略管理者的难题，即战略规划与战略实施脱节的问题，因此平衡记分卡得到了理论界和实务界的广泛关注。成功应用平衡记分卡，无疑对绩效管理和战略管理乃至企业的管理控制都有巨大作用。尽管平衡记分卡发挥的作用得到普遍认可，但其仍存在一定的不足：平衡记分卡对使用者的要求极高，使其适用范围受到局限；实施平衡记分卡的工作量极大，需要消耗大量的时间和精力。

虽然平衡记分卡已被证明是一种先进的管理理念，但正如其他管理技术一样，它也有其具体的适用条件。要确保平衡记分卡的成功实施，需要以下几个方面的条件：

（1）要有明确的组织战略。这是平衡记分卡的本质特征决定的。平衡记分卡的实质是将企业的战略规划落实为具体的经营行为，并对战略的实施加以实时控制，从整个公司的平衡记分卡到部门的平衡记分卡，再到员工的平衡记分卡，都是对公司战略的逐层分解，这就要求企业具有明确的战略规划，以及相应的组织结构、程序、流程和人员保证等。

（2）组织内部与实施平衡记分卡相配套的其他制度是健全的，包括财务预算、核算体系运作、内部信息平台建设、岗位职责划分以及管理流程、业务流程等方面都有明确的规定，只有使企业管理达到程序化、规范化和精细化，使企业战略的每个层次都能有效实施，才能达到预期效果。

（3）高层管理者的支持。高层管理者的支持是成功实施平衡记分卡的必要条件。高层管理者对平衡记分卡的认识以及对其实施的态度极为重要，并且，在确定实施平衡记分卡的企业，高级管理层必须参与战略的制定并推动战略在基层贯彻。

（4）员工素质高。企业管理者和员工具备较高的业务能力和管理能力，员工的素质水平影响着平衡记分卡的实施效果，特别是中高层管理者的素质水平尤为关键。

此外，平衡记分卡与 KPI 方法有效结合，能够更好地评价企业的绩效，其基本结合情况如表 3-2 和图 3-11。

表 3-2　　　　依据平衡记分卡建立 KPI 体系

指标类别	指标侧重	指标名称
财务指标	财务效益状况	净资产收益率、总资产报酬率、销售营业利润率、成本费用利润率、资本保值增值率
	资产运营状况	总资产周转率、流动资产周转率、存货周转率、应收账款周转率
	偿债能力状况	资产负债率、流动比率、速动比率、长期资产适合率
	发展能力状况	销售营业增长率、资本积累率、总资产增长率、三年利润平均增长率、三年资本平均增长率
客户指标	价格状况	价格波动比率
	服务状况	促销效益比率、客户满意度、客户档案完整率
	品牌状况	产品上架率、动销率、投诉处理及时率、货款回笼率、销售收入完成率、相对市场占有率
内部运营指标	质量状况	原辅料采购计划完成率、原料质量一次达成率、正品率、工艺达成率
	成本状况	单位成本、原辅料成本、采购价格综合指数、原辅料耗损率
	效率状况	配送及时率、设备有效作业率、产品供货周期、生产能力利用率
学习与发展指标	学习指标	培训覆盖率、核心人才流失率、人才适配度
	发展指标	技术与产品储备度、产品创新程度

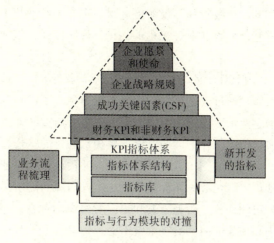

图 3 – 11　运用平衡记分卡构建 KPI 体系

第三节　绩效管理意义和存在问题

一、绩效管理的意义

无论企业处于何种发展阶段，绩效管理对于提升企业的竞争力都具有巨大的推动作用，进行绩效管理都是非常必要的。绩效管理对于处于成熟期企业而言尤其重要，没有有效的绩效管理，组织和个人的绩效得不到持续提升，组织和个人就不能适应残酷的市场竞争的需要，最终将被市场淘汰。

很多企业投入了较多的精力进行绩效管理的尝试，许多管理者认为公平地评价员工的贡献，为员工薪酬发放提供基础依据，激励业绩优秀的员工、督促业绩低下的员工是进行绩效管理的主要目的。当然上述观点并没有错误，但是绩效考核就是绩效管理，绩效考核的作用就是为薪酬发放提供依据这种认识还是片面的。绩效管理不仅能促进组织和个人绩效提升，而且还能促进管理流程和业务流程的优化，最终保证组织战略目标的实现。

（一）绩效管理促进组织和个人绩效的提升

绩效管理通过设定科学合理的组织目标、部门目标和个人目标，为企业员工指明了努力方向。管理者通过绩效管理及时发现下属工作中存在的问题，给下属提供必要的工作指导和资源支持，下属通过工作态度以及工作方法的改进，保证绩效目标的实现。在绩效考核评价环节，对个人和部门的阶段工作进行客观公正的评价，明确个人和部门对组织的贡献，通过多种方式激励高绩效部门和员工继续努力，提升绩效，督促低绩效的部门和员工找出差距，改善绩效。在绩效反馈面谈过程中，通过考核者与被考核者面对面的交流沟通，帮助被考核者分析工作中的长处和不足，鼓励下属扬长避短，促进个人得到发展；对绩效水平较差的组织和个人，考核者应帮助被考核者制订详细的绩效改善计划和实施举措；在绩效反馈阶段，考核者应和被考核者就下一阶段工作提出新的绩效目标并达成共识，被考核者承诺目标的实现。在企业正常运营情况下，部门或个人新的目标应超出前一阶段目标，激励组织和个人进一步提升绩效。经过这样的绩效管理循环，组织和个人的绩效就会得到全面提升。

另一方面，绩效管理通过对员工进行甄选与区分，保证优秀人才脱颖而出，同时淘汰不适合的人员。通过绩效管理能使内部人才得到成长，同时能吸引外部优秀人才，使人力资源能满足组织发展的需要，促进组织绩效和个人绩效的提升。

（二）绩效管理促进管理流程和业务流程优化

企业管理涉及对人和对事的管理，对人的管理主要是激励约束问题，对事的管理就是流程问题。所谓流程，就是一件事情或者一个业务如何运作，涉及因何而做、由谁来做、如何去做、做完了传递给谁等几个方面的问题，上述四个环节的不同安排都会对产出结果有很大的影响，极大地影响着组织的效率。

在绩效管理过程中，各级管理者都应从公司整体利益以及工作效率出发，尽量提高业务处理的效率，应该在上述四个方面不断进行调整优化，使组织运行效率逐渐提高，在提升组织运行效率的同时，逐步优化公司管理流程和业务流程。

（三）绩效管理保证组织战略目标的实现

企业一般有比较清晰的发展思路和战略，有远期发展目标及近期发展目标，在此基础上根据外部经营环境的预期变化以及企业内部条件制订出年度经营计划及投资计划，在此基础上制定企业年度经营目标。企业管理者将公司的年度经营目标向各个部门分解为部门的年度业绩目标，各个部门向每个岗位分解核心指标就成为每个岗位的关键业绩指标。

年度经营目标的制定过程中要有各级管理人员的参与，让各级管理人员以及基层员工充分发表自己的看法和意见，这种做法一方面保证了公司目标可以层层向下分解，不会遇到太大的阻力，同时也使目标的实现有了群众基础，大家认为是可行的，才会努力克服困难，最终促使组织目标的实现。对于绩效管理而言，企业年度经营目标的制定与分解是比较重要的环节，这个环节工作质量对于绩效管理能否取得实效是非常关键的，绩效管理能促进和协调各个部门以及员工按着企业预定目标努力，形成合力，最终促进企业经营目标的实现，从而保证企业近期发展目标以及远期目标的实现。

二、绩效管理存在的问题

（一）绩效管理体系缺乏系统性

绩效有三个层次：组织绩效、部门绩效、员工绩效。提高企业的核心竞争力，其最终目的就是组织绩效的改进。组织绩效来源于各部门绩效的整合，而部门绩效又是同员工个人的努力分不开的。因此，这三个层次是一个有机的整体。一家企业的绩效考核体系应该把组织绩效、部门绩效和员工绩效这三个层次纳入这个体系中，实现组织绩效与员工绩效充分结合。目前大多数企业的绩效考核仅有员工绩效考核而没有部门绩效和组织绩效考核，不利于部门绩效的提高与组织战略目标的实现。

（二）没有重视工作分析

工作分析是绩效考核体系建立的重要环节，进行科学的工作分析是确定绩效考评的主要因素。根据组织目标，对被考评对象的岗位的工作内容、性质以及完成这些工作所具备的条件等进行分析和研究，从而了解被考评者在该岗位工作应达到的目标、采取的工作方式等，在此基础上初步确定绩效考评的主要因素。一旦没有就工作内容作出明确的说明，就失去了判断一个岗位工作完成与否的依据，从而使岗位目标难以确定，导致难以进行科学考评。另外由于各岗位忙闲不均，存在着同一职级的不同岗位之间工作量的大小、难易程度差别较大。结果，在其他表现差不多、工作任务也都完成的情况下，往往工作量大、工作难度高的岗位上的员工没有被评为优秀。再者可能造成争权卸责，人员浪费。由于没有明确的工作规范，各岗位职责模糊，造成了有些企业中人浮于事的现象。绩效考核体系中没有工作分析，从某种程度上将使考核失去工作的基础。

（三）绩效考核的标准设计不科学，方法单一

有的企业绩效考核标准比较模糊，对于某个考核指标的考核标准，比如工作量如何算"大"，工作责任感如何算"强"，工作积极性如何算"高"，考核体系中缺乏明确说明，从而造成绩效考核标准设计不科学，表现为标准欠缺、标准与工作的相关性不强、操作性差或主观性太强、过于单一和标准没有量化

等问题。工作标准中只有一些文字性评语，没有一个可以客观评分的标尺，从而评价者可以随意给个分数或者考核结果，有时难以避免渗透一些个人的感情因素在里面，这样的标准所得的考核结果就失去了意义。结果评先进变成评"人缘"，选拔干部变成搞平衡，存在轮流坐庄现象。工作绩效考评如果要具有客观性和可比性，就必须使实际绩效标准既包括数量上的标准，也包括质量上的标准，如秘书的打字速度从数量上是每分钟多少个，从质量上应规定差错率是多少。不科学的绩效考核标准很难让被考核者对考核结果感到信服。

（四）绩效考评者单一，信息面太窄

绩效考评者是员工的直接主管，由于单个人不可能完全得知对象的信息，在信息不对称的情况下，单个考核者很难得出客观可靠的结果。同时，由于考评者单一，员工对考评结果可能存在的不满会转嫁到主管身上，而主管为了避免下属对自己产生不满，不敢也不愿真实表达自己的考评意愿，大多数都会得出一个中庸的分数，或是好处大家得，江山轮流坐，使绩效考核失去最初的出发点。事实上，人们在工作过程中会形成各种各样的工作关系，比如领导关系、同事之间的关系，由于每个人所处的位置和担任的角色不同，那么他给别人留下的印象也不同，这就是同一层次的人对同一个人产生的知觉差异。因此单一的考评者得到的考评结果，很可能是有失偏颇的。

（五）考核频度不合理

绩效考核频度到底以多少为宜，对于这个问题可谓见仁见智，意见不一。单就理论上讲起来，考评的频度当然是越高越好。首先是能及早地发现和解决问题。其次，员工的表现是逐月不同的，到年中或年底考评时，员工的工作情况已是事过境迁，考评在很大程度上受考评者近因效应的影响，会影响考评结果的客观性和准确性。再者，根据心理学的研究结果，激励讲究及时性，否则激励的效果会以指数关系递减。随着考评频度的降低，考评激励的效果将迅速下降。但是，在管理实践中，随着考评频度的增高，考评的工作量和成本也大幅增加，更为重要的是过频的考核会造成员工的逆反甚至对抗情绪，不仅达不到提高绩效的目的，反而适得其反。因此，过频的考核不经济、不现实，也是不必要的。

（六）没有重视员工的职业生涯规划

关心员工的发展和成长，引入员工职业生涯设计，是企业建立员工激励机制的一项重要内容。在了解员工个人愿望的前提下，企业帮助员工设计好自己的职业目标并努力创造实现的条件，这样既可以使员工得到锻炼，又可以提高员工对企业的归属感。企业的发展靠管理，管理靠人才，人才靠培养，只有设身处地地为员工着想，制订和推进员工发展计划，才能激发员工的积极性，保证较高的工作绩效。绩效考核体系如果缺乏对员工的职业生涯规划，员工相对缺乏进取动力，不知道自己的职业定位，从而影响其潜能的发挥。

（七）缺乏健全的反馈机制

在绩效考评中往往因为诸多原因而出现考评误差，影响绩效考评的公正性、客观性，使员工对考评产生一些不满的情绪，致使考评目标不能充分实现。通过绩效考评反馈机制，员工知晓自己的考评结论，更知晓考评结论的原因、自己工作中存在的问题，以及考评人员提出的建设性意见等。一个健全的绩效反馈机制应该有沟通、反馈、申诉、仲裁等一整套完整的程序，以利于考评者和被考评者就考评结论达成共识，促进工作，改善绩效。

三、绩效管理存在问题的原因分析

（一）缺乏伦理理念的指导

企业的生命是由企业家、企业机制、企业信用、企业伦理、文化背景五要素把资本和劳动力链接在一起而形成的①，由于上述五要素在企业中的排列方式不同，形成了不同生命周期的企业。企业伦理被归为企业最基础的核心竞争力要素之一。长期以来，我国企业绩效管理积习难返，不能体现企业整体目标。缺乏伦理理念的绩效管理必定不能营造公平的绩效考评，使员工对企业绩效考评的效力丧失信心，也使传统的绩效考评成为一张空纸。缺乏伦理理念的绩效管理犹如鸡肋，不仅"食之无味，弃之可惜"，而且浪费了大量的企业资源，无助于企业目标的实现。

（二）缺乏管理理论的借鉴

就全国所有企业的人力资源管理者来说，普遍存在管理理论缺乏的问题。国家人力资源和社会保障部一项调查表明，1998年初全国6万人事干部中大专以上学历者不到一半。人力资源管理者的学历层次低，知识面狭窄，工作的科学性和开创性不足，管理手段单一落后，所有这些都使得企业难以形成科学高效的管理体系。新科公司也面临同样的问题，公司没有正式科班出身的人力资源管理者，大都是半路出家，对于先进的管理理论特别是绩效管理理论知之不多，不够系统。

（三）缺乏科学的绩效考评

绩效考评的着眼点也就是考核的定位问题，是绩效考核的核心问题。根据现代管理思想，考核的首要目的是对管理过程

---

① 刘光明. 企业信用：伦理、文化、业绩等多重视角的研究 [M]. 北京：经济管理出版社，2007.

的一种控制，其核心的管理目标是通过了解和考核员工的绩效以及组织的绩效，并通过考评结果的反馈，实现员工绩效的提升和企业管理的改善。其次，考核的结果还可以确定员工的晋升、奖惩和各种利益的分配。另外，通过绩效考评，还可以让员工知道企业对他的期望。每位员工都希望能在企业中有所发展，企业的职业生涯规划就是为了满足员工的自我发展需要。但是，仅仅有目标而没有引导，往往会让员工不知所措。绩效考评就是一个导航器，它可以让员工清楚自己需要改进的地方，为员工的自我发展铺平道路。多数的绩效考评将考核简单定位于确定利益分配的依据和工具。这样为考评而考评，虽然会对员工带来一定的激励，但也不可避免地在员工心目中造成一些负面影响，从而产生心理上的压力。

案例分析

某冷饮公司的绩效管理

张某是 2008 年毕业的大学生，他毕业后到了上海的一家中日合资冷饮公司做销售工作。第一年，刘兴由于销售业绩并不十分理想，所以在工作待遇、生活质量和相关方面都不尽如人意，但刘兴并没有因此而否定自己和这份工作，而是积极地向经验丰富的业务员学习如何使冷饮产品既卖得出去，又能保证较好的回款率。同时他利用一切时间去了解市场。"有付出就有回报"，在此后的一段时间里，刘兴逐渐适应了既定的销售工作，并逐步形成了一套十分有特色的"上海冷饮产品销售网络图"。

在公司的一次销售会议上，总经理提出：作为销售人员，要对市场有充分的了解，对潜在顾客的心态和消费习惯要有明确的把握；销售人员不仅要具备良好的业务知识，而且要具有市场外的关怀意识和体贴精神。并且，对全体销售人员当场提出问题："上海市销售冷饮制品的商家是多少？是怎么分布的？季节销售规律是怎样的？"许多业务员的回答都不能令总经理满意，而刘兴此时根据自己设计的"销售网络图"，给出了一个令总经理十分满意的答案。总经理很兴奋，当场就提升刘兴为销售部的经理。

面对提升，刘兴心中充满了喜悦。但此举却引来了其他销售人员的议论："刘兴的销售业绩不如我们，他凭什么这么快就得到了提升？""还不是因为他口才好，能说会道。"而原来有望能够提升为部门经理的副经理也十分不平衡——销售部门的领导从来就是根据销售额的多少来决定是否升降的，这本来就是一条不成文的规定，为什么到了刘兴这儿，就打破了呢？

一时间，刘兴简直就成了大家的最大"谈资"。刘兴面对此种情况，并没有气馁，而是根据自己的想法和掌握的市场时间状况，重新制定了吻合市场需求的营销策略，并在工资和奖金制度上采取了与销售业绩直接挂钩的更为灵活的激励模式。刘兴的这些措施逐步得到了下属和上级领导的认同，在很短的时间里，公司的销售业绩猛增了近50%，刘兴也由此成为了公司的"一颗新星"。

到了2010年末，当公司总结一年工作成果时，刘兴和他的下属都得到而来公司的表扬，而且刘兴的下属都获得了不菲的"红包"，但刘兴却仅仅获得了一个"不大不小"的红包。此时刘兴心理不平衡起来，自己辛辛苦苦一年，公司的业绩迅猛增长，自己非但没有得到晋升，而且得到的奖金也不痛不痒，真不知道总经理是怎样想的。

2011年春节，刘兴参加了大学同学的聚会，碰巧他的一位同学也在一家冷饮制品公司做营销策划，谈起工作待遇，刘兴发现他的同学的月薪和年终奖金居然比他高出近一倍。刘兴的心理更加不平衡起来，他决定年后找总经理好好地谈一次。

春节后，刘兴找总经理谈了一次。总经理认为刘兴的要求是过分的，当初提拔刘兴的原因就在于他认为刘兴能够将销售部的工作提高一个层次，结果是正确的。换言之，刘兴一年的表现只是做了他该做的，这本身没有什么不平衡的。而刘兴强调他一年的工作是出色的，公司应该为此提供更好的回报。结果不欢而散。

一周后，令总经理吃惊的是，刘兴辞职而去，并且新的单位就是公司当前最大的竞争对手。而刘兴的辞职理由也很简单：我所付出的与我所得到的是不相称的。

思考：你认为上述案例中该公司哪些方面出现了问题而导致人才流失？你认为该如何改进？

第四章 绩效管理与企业伦理研究的理论基础

第一节 "以人为本"理论

绩效管理作为一个有效的管理工具，在企业的实际生活经营活动中，为企业提供了一个奖罚手段，还提供了工作改进和业绩提高的信号。美国学者玛丽·凯·阿什曾提到："一家公司的好坏取决于公司的人才，而人才能量释放多少就要取决于绩效管理。"绩效管理强调的理念是业绩为先、有效激励和以人为本。企业将绩效管理定位在人性化管理的基础上，就可以充分体现可接受性；重视员工参与，绩效管理就会收到十分积极的效果。人性化管理体现"以人为本"的理念——增加沟通，倡导诚信，实施情感管理，注重人的价值实现。只有在充满人本理念的企业中，企业管理者才能真正地尊重员工，真诚地接受员工建议，其产生的直接效益就是员工能真诚地参与到组织的建设，实现个人职业生涯计划。这种以人为本的组织文化，为员工个人目标和组织目标的趋同提供了环境基础，使得员工和组织之间有效互动，进而推动企业发展，这是建立科学的绩效管理体系的必要前提。

众所周知，企业伦理理念重视人的因素，强调精神文化的力量，希望用一种无形的文化力量形成一种行为准则、价值观念和道德规范，凝聚企业员工的归属感、积极性和创造性，引导企业员工为企业和社会的发展而努力，并通过各种渠道对社会文化的大环境产生作用。企业伦理理念作为一种管理哲学，是以人为中心的，这也是与传统管理思想的根本区别。传统的工业文明中，企业管理带有浓厚的西方科学主义色彩，把企业看作单纯的经济组织，而企业伦理理论这一充满东方人文色彩的管理哲学，强调的是企业的人文性，企业内外一切活动都应以人为中心。企业不应是单纯的制造产品、追求利润的机器，应该是使员工能够发挥聪明才智，实现事业追求的大家庭。

由此可见，企业绩效管理和企业伦理理念互动研究的基础是"以人为本"。"以人为本"的思想代表了现代企业管理从人治到法治，再到人性化法治发展的趋向，这种思想的最核心部分就是尊重人、激励人、服务人。应将绩效管理和企业伦理理念建立在"以人为本"的研究基础上，追求人文精神，弥补两者的短处，在两者之间形成一个动态平衡，使企业绩效管理与企业伦理理念得到完美的结合。

第二节　激励理论

管理之所以是一种生产力，在于它能有效地充分利用和整合各种生产要素，从而达到效益的最大化。在所有的运作过程中，人是第一位的，因为生产要素的效益最大化，关键在于人的作用和能力发挥的最大化。这就涉及管理模式中的组织结构、领导方式、激励机制、决策程序等一系列制度范式运作的有效性和有序性。实际上，特定的管理模式作为一种制度层框架，必须同生产力发展的技术素质相吻合，同机器设备所内含的技术含量与知识水准相匹配，同时，又必须同员工的治理水准相一致。只有这样才能创造最佳的管理效果。

有效管理必须实现管理中人要素、物要素和制度要素三者的结合，从而实现三者的有效整合。从三者的逻辑关系讲，则是生产力的技术水准→生产者的智力水准→特定的管理制度和框架。但是，即使在同一种管理模式内，管理绩效也可能大相径庭，这就是激励理论的应用问题。正如古代兵家所言："将兵须有激励法，受之滴水报涌泉。"

一、激励理论的逻辑演进

什么是激励？按照美国管理学家贝雷尔森和斯坦尼尔的观点，乃"一切内心要争取的条件、希望、愿望、动力等都构成了对人的激励，他是人类活动的一种内心状态"。激励是同人的内在需求结合在一起的，由需求形成一种动向，即动机。当某种外在条件能够提供满足这种需求的预期时，动机也就转化为行动，亦即形成追求某种目标的行动。由此可见，激励的本质乃设置预期、激活动机、创造行动（图4-1）。

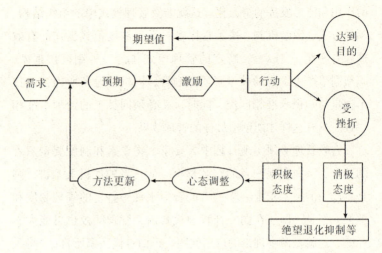

图4-1 激励过程

激励理论在西方的演变大致经过六个阶段（图4-2）。

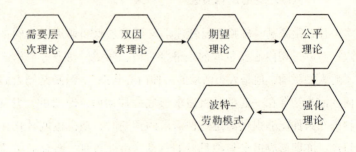

图4-2 激励理论系统

（一）需要层次理论

马斯洛把人的需要分为五个层次，即生存需要、安全需要、交往需要、尊重需要、自我价值实现的需要。马斯洛的分析在这方面是有贡献的，因为在早期工业生产力水平条件下，把人作为机器看待，作为经济人看待，仅仅看成是一种生产要素。整个社会形成的是利润中心、产值中心和物质中心，见物不见人。可是马斯洛却把人作为一个独立的研究对象和社会人格进行分析，指出人不是一个附属物，人有自己的独立价值和个体。所以马斯洛需要层次理论的提出，是对人性的一种理性解放。

在历史上，欧洲文艺复兴把人从教会的束缚下解脱出来，但是他解脱的是市民阶级和管理者，解脱的是统治者和学者。这个解脱不包括奴隶，不包括被奴役者，不包括没有身份和地位的人。而马斯洛的需要层次理论，则提出了"人"自身的价值，即不管这个人的社会印记是怎样的，是有钱的还是没钱的，是有地位的还是没地位的，其本质都是一样的，从而使欧洲文艺复兴运动对人性的解放具有了普遍意义，这是对"人类"自身的肯定，因而特别具有反宗教、反封建的价值。

其一，人与人之间是平等的。人的地位身份的区别不是天生的而是后天的。后天的附加物不是本质，人格尊重和平等才是本质，从而在根本关系上奠定了人的价值。

其二，正由于人是平等的，人的追求也是同一的。人必须首先满足低层次需求，然后才能满足高层次需求。如果环境不能满足人的低层次需求，人只能滞留于低层次需求范畴，如穷人为户口而奔波。但是，这并不会排斥人性和道德的善良，因而在贫穷者之中不乏道德高尚之人。

其三，正由于人的需求具有多层次需求，企业要塑造自己的员工就应当尽量满足其低层次物质需求，进而激活其高层次需求。这样不仅有益于员工自身，也有意于公司的发展。缘由就在于人的高层次需求能净化人的灵魂，提高企业的目标价值，从而使其成为一个有理念、有品位、有目标价值的企业。

其四，公司的真正动力源于发掘每个人自我价值实现的需要。它本身是由多种因素构成的，如企业对有创造欲望员工的重视，公司提供员工良好的发展环境和发展空间，公司已经完成了企业内的能力绩效定势等。但是，只要高层次的需求已经成为员工主要追逐的目标，该公司不仅能创设非常好的内部激励环境和机制，而公司肯定是一个有竞争力的实体。

总之，需要层次理论从伦理上奠定了一个劳动者的人性地位和价值。正由于此，凡是涉及行为科学理论和人的价值地位在工业文明中提升时，马斯洛的需求层次理论是必定要被提及的。

（二）双因素理论

双因素理论把人的需求归结为两类，即保健因素和激励因素。该因素认为保健因素的满足可以使人减少工作中的不满情绪，但是他不能产生激励效应，或者说不能产生持久的激励效应。而激励因素，诸如工作上的成就感，受到重视，提升的机遇，工作本身的吸引力，个人发展空间，承担责任的挑战等，才是在工作中发挥和发掘自身才能的因素，才会持久和有效地激发员工的工作积极性。

显然，双因素理论的提出，是对需求理论的一种提高与归纳。这一理论的最大效果，在于它充分体现了管理中的功利价值，便于企业在构筑自己的激励模式时，能更有效地设置"需求预期"，从而达到管理效果。

（三）期望理论

期望理论（Expectancy Theory），又称作"效价—手段—期望理论"，是北美著名心理学家和行为科学家维克托·弗鲁姆（Victor H. Vroom）于 1964 年在《工作与激励》中提出来的激励理论。期望理论以三个因素反映需要与目标之间的关系的：①工作能提供给他们真正需要的东西；②他们需求的东西是和绩效联系在一起的；③只要努力工作就能提高他们的绩效。[1]（见图 4-3）这种需要与目标之间的关系用公式表示即：

---

① http://baike.baidu.com/view/46905.htm

激励力＝期望值×效价

这种需要与目标之间的关系用过程模式表示即：

"个人努力——→个人成绩（绩效）——→组织奖励（报酬）
——→个人需要"

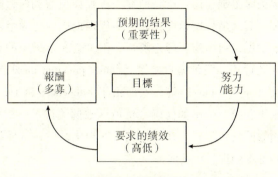

图4-3　期望理论

弗鲁斯认为，只有当人们预期到某一行为能给个人带来有吸引力的结果时，个人才会采取这一特定行动。即在人的主体需要和外界预期目标之间，不需建立某种联系的通道，外界目标如果偏离可能性太大，就不可能产生激励效应。这就涉及预期目标成功概率的研究问题。也就是说，激励效果离不开人的主体需要，即效价与期望值的作用，效价表明当事者对预期目标的偏离程度，而期望值表现为一种实现概率，只有两者结合，才能体现实际激励效果。如果从这个角度看，需要层次理论和双因素理论只关注到"效价"的问题，即对稀缺需要的偏好问题，而未考虑这种需要追求成功的概率如何。如果成功概率为零，这种需要是不会产生激励效应的，比如，对于一个没有任何业绩的人设置总经理的预期，这对当事人而言是难以产生激励效应的。

期望理论是行为金融学的重要理论基础。Kahneman 和

Tversky（1979）通过实验对比发现，大多数投资者并非是标准金融投资者而是行为投资者，他们的行为不总是理性的，也并不总是风险回避的。期望理论认为投资者对收益的效用函数是凹函数，而对损失的效用函数是凸函数，表现为投资者在投资账面值损失时更加厌恶风险，而在投资账面值盈利时，随着收益的增加，其满足程度速度减缓。期望理论成为行为金融研究中的代表学说，利用期望理论解释了不少金融市场中的异常现象：如阿莱悖论、股价溢价之谜（equity premium puzzle）以及期权微笑（option smile）等，然而由于 Kahneman 和 Tversky 在期望理论中并没有给出如何确定价值函数的关键——参考点以及价值函数的具体形式，在理论上存在很大缺陷，从而极大阻碍了期望理论的进一步发展。

（四）公平理论

公平理论又称社会比较理论，是美国行为科学家斯塔西·亚当斯在《工人关于工资不公平的内心冲突同其生产率的关系》（1962，与罗森合写）、《工资不公平对工作质量的影响》（1964，与雅各布森合写）、《社会交换中的不公平》（1965）等著作中提出来的一种激励理论。该理论主要研究人们所获取报酬的公平性如何影响人的工作积极性，侧重于研究工资报酬分配的合理性、公平性及其对职工生产积极性的影响。

公平理论可以用公平关系式来表示。设当事人 A 和被比较对象 B，则当 A 感觉到公平时有下式成立：

$$O_p/I_p = O_c/I_c$$

其中：O_p——自己对所获报酬的感觉

O_c——自己对他人所获报酬的感觉

I_p——自己对个人所作投入的感觉

I_c——自己对他人所作投入的感觉

觉察到的比率比较	员工的评价
$\dfrac{所得 A}{付出 A} < \dfrac{所得 B}{付出 B}$	不公平（报酬太低）
$\dfrac{所得 A}{付出 A} = \dfrac{所得 B}{付出 B}$	公平
$\dfrac{所得 A}{付出 A} > \dfrac{所得 B}{付出 B}$	不公平（报酬太高）

注：A 代表某员工；B 代表参照对象

图 4 - 4　公平理论关系式

公平理论比较直观地体现了激励模式构建中的伦理命题，即对于不同的对象，激励内容是否公平的问题。搞小圈子、搞任人唯亲必定破坏原有的伦理关系和价值认同，从而使原有的激励效用降到最低。比如，根据需要层次理论、双因素理论和期望理论建立的激励模式，在具体操作中，对于不同的对象，仅凭人事关系的亲疏而形成完全不同的操作过程和程序，并形成完全不同的结果，这破坏了全部关系的基础，导致激励中的不公平。

公平理论认为，不论对于谁，同样的努力和绩效，应当实现同样的结果和报酬。否则，就是不论理、不道德。

（五）强化理论

强化理论强调的是结果对动机的反作用。美国心理学家斯金纳认为，人的行为是对其所获刺激的函数。如果这种刺激对他有用，则这种行为就会反复出现；若对他不利，则这种行为就会减弱甚至消失。因此管理者要采取各种强化方式，以使人们的行为符合组织目标。因此，强化理论提供了组织如何引导员工的行为与动机，如何和组织目标保持一致性的问题，即对凡是有利于组织的行为施以正强化效应，对凡是不利于组织的行为施以负强化效应，从而有效地实现组织目标。

（六）波特—劳勒模式

波特对上述各种激励理论进行整合，提出了一种比较完整的激励模式，如波特—劳勒激励模式。他集中了其他模式的基本特点（见图4-5）。

（1）个人是否努力取决于效价及对由努力带来的奖励概率的期望值；

（2）绩率＝努力程度×（能力大小＋对任务了解的深度与正确度）；

（3）个人奖励以其实际得到的工作绩效为价值标准，剔除主观评估因素；

（4）对奖励的满意程度，取决于所获报酬的公平性感觉；

（5）个人对结果是否满意将反馈到下一个任务的完成中去，好的激励产生正效应，不好的激励产生负效应。再加上个人追求之目标系统，本模型就是对前面五种激励模型的整合。

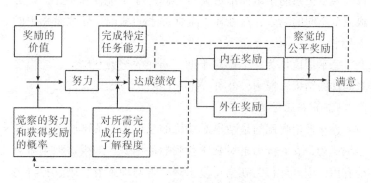

图4-5　波特-劳勒激励模式

二、现代激励理论的伦理思考

（一）激励机制及其伦理选择

根据需求设置预期目标。人的需求分为两类：已经得到满足的和未能得到满足的，已经得到满足的需求一般不再激起动机和行动，所以要根据人未满足的需求来设置预期目标，由此成为需求者关注并力求追逐的目标。但是，作为一种外在目标变成当事人追求的动机，需求必须具有两个条件，方能使其内化为当事人的目标动机。这就是效价和期望值的问题。

效价是指个人对取得某种成果的偏爱程度，或某种预期成果可能给行为者个人带来的满足程度。期望值则是指某一具体行动可能带来某种预期成果的概率，即行为者采取某种行动，获得某种成果，从而带来某种心理上或生理上满足的可能性。一者讲的是成功概率，一者讲的是满足程度，正是两者的统一才构成对当事人的实际激励效果。所以激励力＝效价×期望值。预期目标只有内化后才能产生实际效果，由此构成动机产生行动。行动结果有成功和不成功之分，一旦成功会进一步加强自信，并激活更高一层次的需求，从而形成新的期望值，全部过程将重新开始。如不成功，则意味着遭受挫折，往往会产生消极和积极两种结果。消极态度基本上是放弃，而积极态度则是调整心态重新开始，通过方法更新和经验积累，最终会取得成功。消极态度具体表现为三种形态：第一种态度是撤退、退化，感到不行就不干了，从而抑制了自己的欲望。比如晋升未能如愿就消极，感到自己不行不再追求。第二种态度是转移，即通过目标转移和取代，用其他需求来替代原有需求，以求得心理平衡，比如不求晋升而求加薪。应该说这是消极态度中的积极表现。第三种态度则是走向对立面，进行发泄性的攻击和抱负，甚至迁怒于毫不相干的他人。显然，对失败采取的态度非常清晰地反映了不同个人内在的心理素质和特点。正如诸葛亮所提出的"知人之术"：问之以是非而观其志；穷之以辞辨而视其变；咨之以计谋而观其识；告之以祸难而观其勇；醉之以酒而观其性；临之以利而观其廉；期之以事而观其信。

作为人的欲望追求和需求满足，必然有一个伦理道德选择的问题，因为罪恶本身，也可以是激励的产物。由此可见，没有伦理导向的需求，其最终结果是危害社会和人类的。

从激励过程看，其伦理选择可以表现为下述几个方面：

第一，需求和欲望的伦理价值。因为欲望是受人的价值理念支配的，所以他有一个符合道义和不符合道义的区别。比如，想通过不正当手段去谋取财富就是一种不道德、不仁义，去掠夺人家的财产就是一种不道德。这是需求的"正"和"邪"之分。再者需求也有个具体界限，例如，多劳多得是仁义的，而少劳多得就是不义，不劳而获更是对社会财产的掠夺，那是违法的。

第二，预期成果的设置也有个道德伦理的界限。比如第二次世界大战时，日本人用他国财富作为一种预期设置，显然是一种强盗主义逻辑，无仁义道德可言。今天，日本为了窃取他国技术成果不惜手段，甚至展开间谍战，也是违背国际道义和准则的。

第三，由动机激发的行动本身的伦理价值。如果目的太强烈而动机不纯，必定采取不道德手段追逐目的。比如，李斯为了保住自己地位而害死韩非子，就是手段卑劣。当前，为了追逐高额利润而不择手段，贿赂经济、黑色经济泛滥等，实际上就有个伦理道德的问题。

第四，成功达到目标以后的伦理走向。比如，通过努力，获得了知识，获得了金钱，获得了权利，实际上就获得了支配一定范围内社会关系和经济关系的能力。比如，掌握电脑技术的黑客行为，利用手中权力的谋私行为，利用金钱的灰黑交易行为等，都有一个伦理道德的选择问题。

第五，不成功者的社会态度选择。一旦某种目标达不到，就对社会采取攻击态度，这里存在一个如何对待自己和社会的伦理问题。不少失意者最后采取与社会敌视的态度，甚至滥杀无辜，这是个法律问题，而法律本身也有个伦理价值的问题。

由上可见，只讲究激励而不讲究激励中的伦理关系，显然是不全面而危险的。特别是在一个企业内，只讲激励而不讲伦理，只讲物质而不讲精神，只讲自我而不讲集体，只讲激励而不讲鼓舞，这样的激励只会导致物质主义、个人主义、精神颓废、人际环境恶化、人格贬值，将使整个企业内充满物欲，破坏"人伦"，伦理人退化为经济人，决策人退化为金钱人。由此可见，激励只有在特定的伦理价值支配和引导下，才能产生积极的作用，否则对管理文明而言，只是一种倒退。其缘由就在于，激励本身太注重于"个人需求和欲望"的满足，它激活的是为自己的努力，而不是为他人、为社会、为企业的努力。由此可见，激励没有伦理引导，没有道德约束，不仅是盲从的也是危险的。

（二）激励模式的伦理导向

由于激励的基本功能是激活员工对自身需求目标的追求，从一定意义上讲是对每个人固有的理性的激活，所以，必须由伦理价值引导实现个人和集体、局部和整体的和谐。由此，可通过三个环节把我，即价值引导、过程控制和反馈整合，具体表现为以下几个矛盾的结合。

1. 激励与制约的矛盾

充分授权可以有效激活当事者的管理和工作积极性，然而，权利本身可以发挥正向作用，亦可以发挥逆向作用，所以授权与制约必须相结合。权力一旦失去控制、制约和监督，就会走向无序和混乱，这种情况大到国家权力，中到企业权力，小到一个具体岗位的管理权，都会有一个激励与制约的矛盾统一关系。"县官不如现管"就是指这回事，因为线管直接同管理者的个人素质、能力和品格结合在一起，一旦利用手中的权力谋私利，相互之间关系就会恶化。

2. 局部和整体的矛盾

局部绩效的最大化往往不是整体合力的最大化，在现实生活中已经出现了这样的矛盾，即局部冲击整体，导致整体利益下跌。实际上这也受到个人动机支配，一个处于副职岗位上的干部，为了实现自己绩效最大化，拼命把自己的一款领域工作做大；又由于善于协调关系，结果是整体服从于他的局部，整体的效益反而下降。结果由于这部分工作绩效显著，得到了表扬，其本人得到了晋升，可是全局工作受到了影响。这是局部和整体关系错位所致。

3. 数量与质量的矛盾

这是在具体操作层最容易遇到的矛盾。如果某种工作难以在质量上难以区分，当事人就会追求数量而忽视质量，因为数量往往同绩效和报酬相联系，这方面的激励就必须把数量控制和质量控制区分开来。这在技术操作上是可以解决的，具体方法是把过程区分为若干关键环节，在关键环节设置量化指标，以后的考察只要观察到这些指标，就易于在质量上测试当事人的工作绩效。当然，与此同时，质量意识的灌输就显得十分重要，必要时就可以加大质量的权重，促使当事人对质量予以关心。

4. 个人和集体的矛盾

目前，越来越多的企业注重把个人考核指标同集体考核指标结合在一起，使考核指标团队化，实际上是引导员工把个人利益追求和集体荣誉联系起来，从而把自己看成是群体的分子，产生群体管理效应。但是，具体做法中的矛盾是，管理者仅仅是把两种考核指标结合在一起，却没有在思想认识上引导员工把个人和集体结合起来，在具体做法中仍然是各行其是。而一旦出了差错，个人错误就会影响集体利益，给当事人造成过大的压力。全部过程只是表现为对结果的处罚，而没有表现出对过程的引导，显然是不科学的；对于员工只讲处罚而不讲引导，显然是不合理的。

5. 及时与长远的矛盾

激励注重的是及时和实效，所以往往对即时效益看得重而对长期效益看得轻，这里涉及考核指标设置的时间判断的问题。实际上，从计划管理的角度上讲，短期计划本身是长期计划的组成部分，即时工作的绩效是服从于长远目的。所以，当一项工作和任务分解为若干个具体细节而要求员工完成时，管理者必须密切关注任务的分解，不可破坏整体的整合性，否则就难以达到预期目标。而从管理的职能上区分，任务分解本身具有整合和协调的使命，否则就会破坏整体的统一性。这就是及时与长远的关系。

6. 经验与创新的矛盾

经验是成熟的标志，有经验的人能够让工作达到预期的质量目标。但是，经验又易于墨守成规，缺乏创新意识和兴趣。强调创新的重要性就在于 21 世纪市场、技术、信息、人们需求的变化都太快了，墨守成规在整体上是不行的。一个不能推出新产品的企业必定要失败，由此，对创新的激励已经成为现代公司和企业激励制度中最为重要的部分之一。所以，必须在具体的管理制度中增加创新考核的力度。美国政府对农业工人采用农机耕作进行巨额补贴的方法，不仅加快了整个国家农业机械化的普及与完善，加快了农业劳动生产率的提高，更重要的是在农业工人中创造了一种创新意识和精神，从而使美国农业走出了一条和其他国家完全不同的高速增长之路。

7. 物质与精神

这是个老问题，似乎不用多费笔墨，然而，如何有机地把这两者结合起来，则是激励制度中最为重要的命题。这是因为：第一，精神激励构成为人的较高层次的需要；第二，精神激励导向最终会倡导一个社会的荣誉感和使命感，对优化整个社会和企业的激励氛围有利；第三，在激励机制内部完成了物质文明进步与精神文明发展的关系，因而是值得人们认真对待的。

8. 激励与鼓舞

领导对部下的影响除了其自身的因素以外，具体可以区分为激励与鼓舞两种力量。前者是根据员工具体需要而设置预期，激励其努力工作，产生的是"利己"效应；而鼓舞则不同，他不是激发员工的利己主义行为，而是"利他"主义行为。比如，为了集体荣誉而奋斗，为了企业目标而工作，这就是一种鼓舞环境与氛围的创设。诸如，和谐的人事氛围、楷模的作用、领导风格和利他主义行为、管理者的人格魅力及集体主义精神等，可让每一个员工都以加入该集体而光荣，产生强烈的集体荣誉感等。

"诚为本，信为义。"一旦形成良好的价值氛围，企业的激励模式就能形成良好的伦理导向，从而有利于整个企业目标的实现。当然，这里关键在于企业领导者必须是一个有伦理道德修养的人，道德力对于一个企业发展的作用，在这里体现得尤为清晰。

三、激励理论下的绩效管理

绩效管理和激励是密不可分的，激励理论是绩效管理的重要组成部分，为绩效结果提供动力来源。主要体现在三个方面：首先，绩效考评本身就具有激励作用，绩效考评指标对员工的工作方向具有引导作用，绩效考评可以让员工知道不足之处，进而激励员工采取措施改进绩效；其次，激励理论对绩效考评各个环节的设置具有指导意义；最后，绩效考评的结果为激励员工提供了依据。如果只有绩效考评，而没有与之相配套的激励机制，那么绩效考评就会失去意义。绩效考评和激励机制共同构成绩效考评体系。

第三节　经济学理论

一、福利经济学理论

福利经济学是英国经济学家霍布斯和庇古于 20 世纪 20 年代创立的，是研究社会经济福利的一种经济学理论体系。福利经济学属于规范经济学，是在效用主义为主的伦理道德传统基础之上形成的，从福利观点或最大化原则出发对经济体系的运行予以社会评价，回答是"好"和"不好"问题的经济学。它包含了价值判断的标准，即：使福利增进就是"好的"，使福利减少就是"坏的"；对于经济体系的运行而言，能够增进福利的经济运行体系被认为是"好的"，导致福利减少的经济运行体系被认为是"坏的"。

福利经济学的发展经历了几个不同的时期。一般认为，亚里士多德的理论中就包含着福利经济学的思想。当代著名经济学家阿马蒂亚·森也是一位福利经济学家。不同时期的福利经济学家思想各不相同，但都围绕着什么是福利，判断福利增加或减少的标准等问题展开讨论，其中，帕累托（V. Pareto，l848－1923）的观点备受瞩目。

福利经济学对于经济运行体系的选择不仅应该符合"效率"

原则，而且应该具有"伦理"意义。一方面，"效率"具有间接的伦理意义，效率能够增进财富。尽管财富不是我们所追求的善，但是效率却是实现"善"（人类美好生活这一最终目的）的必要手段。可见，效率具有工具价值。另一方面，"效率"具有直接的伦理意义。这里所说的"伦理"意味着能够直接增进社会福利，直接服务于人类的美好生活这一最终目的。可见，"伦理"具有目的价值。根据福利经济学的伦理选择的具体要求，福利经济学作为一门通过效率（创造社会财富）服务于人类最终目的的学科，对于经济运行体系进行伦理选择应该参照两个基本标准：其一，能否最大限度地提高经济效率（效率标准）；其二，能否最大限度地增加社会福利（社会福利标准）。效率标准和社会福利标准在某种意义上包含着事实标准和价值标准的区别，不能混同（庇古以后的新福利经济学回避了"财富分配"问题，将两个标准混同，即经济效率标准也就是社会福利标准）。当福利经济学混同上述两个基本标准时，便会陷入理论困境。这里，我们仍然按照应该存在的两个基本标准分析福利经济学对于经济运行体系的伦理选择。

二、伦理经济学理论

（一）伦理经济学的理论概要

伦理经济学被认为是一门"高层次的经济学"。伦理经济学是研究人们以一定的伦理道德观念来评判、制约并指导他们的现实社会经济活动的经济学学科，是研究人的全面发展与社会经济之间相互关系的经济科学。它具体包括三方面内容：第一，伦理道德观念直接来源于人们的经济生活和经济行为。第二，人们对指导经济行为的道德观念的认识和评价。第三，人们运用伦理经济观来指导经济行为。

伦理经济学是将经济学与伦理学加以整合的必然要求，是两门学科的本质使然，即出于两者对理性和最佳协调的共同兴趣。"伦理经济学作为积极的经济文化理论，是关于经济—文化发展的解释学。"伦理经济意味着对一个社会的伦理和习俗给经济行为带来的影响进行分析，它是一种关于经济的文化，是关于人类活动的经济学效用观点与伦理文化价值观点的整合，它要求对经济决策作出一种全面的审视。

早在古希腊的经济思想中就有了某些伦理的色彩。西方自由经济理论的鼻祖亚当·斯密的《国富论》蕴含着"看不见的手"的伦理思想。"看不见的手"沟通了私利与公益，表明了他对市场自身伦理调节力量的信任。"看不见的手"在市场中具有无穷的魔力，它伸向哪里，哪里的市场就充满生机和活力，就能调整社会秩序和促进社会公正；市场存在的问题无须其他力量的干预，只要有了这只"看不见的手"，包括社会伦理问题在内的任何问题都可以解决。可见，"被神化了的'看不见的手'兼具了促进社会经济发展和伦理发展的双重功能"。

斯密理论中的经济伦理思想包含两个方面：一方面是伦理原则对经济原则的补充，"经济人"的假设只是人性的一面，"道德人"假设的补充不可忽视。另一方面是经济规律中自身也体现着伦理原则，个人的经济行为不仅促成了个人利益和公共利益的共同发展，同时也促成了新的伦理的产生，造就了互利、自由、平等的社会。

斯密以后的自由主义经济学家们对"看不见的手"的伦理功能进行了不同程度的论述，其主要观点有：①市场伦理的发展是一个自然演进的过程。市场能够自发形成既保护个人利益也促进公共利益发展的伦理秩序，个人和组织不能从外部予以干预，任何形式的干预都是对市场伦理秩序的破坏。②市场提供了个人发展的公平竞争环境。无论是谁，在市场面前都是平等的经济主体，都有获取个人最大利益的权利，它消除了人与人之间在生存和发展权利上的不平等性和差异性。③市场保障了个人自主的道德选择。个人在法律许可的范围内做什么或不做什么都是自由的，不受外部力量的约束和强迫，市场反对任何违背个人意愿的道德性强制。④市场推进了公共利益的发展。在个人追求利益增值的同时，不需要刻意地考虑公共利益，因为市场力量的作用，对私利的追求无意间也能使公共利益自然增长，个人利益是公共利益的基础。

国内学者结合中国国情，将伦理经济与经济伦理进行对照分析，认为伦理经济是抛弃经济的自身特性，而依照伦理要求建立的经济体系，经济伦理则是在经济规律的内在要求下建立的伦理规范。上海社会科学院社会研究所陆晓文在《从伦理经济走向经济伦理——中国经济行为的伦理特征及行为规则的演变》一文中指出，"中国在改革开放以前的社会主义经济建设与其说是一种经济活动，还不如说是在一个伦理理想指导下的社会道德实践运动，这种经济制度被称之为伦理经济。"伦理理想是指建立在公有制、计划经济基础上的社会成员地位平等、公平相处、互助合作。但是，这种伦理经济不仅在经济上违背了社会经济的发展规律，在社会伦理实践上同样违反了人类现实社会生活的道德规律，具有空想和理想化的特点，应当以新的经济形式取而代之。经过多年改革开放，中国逐渐摆脱了传统的伦理经济形态，走上了建设市场经济的道路。但在计划经济向市场经济转向的过程中，道德缺失问题层出不穷，原有的伦理理想失去应有的控制力，而市场经济行为规则又未健全，经济伦理建设也就成了当务之急。

（二）伦理经济学的伦理分析

由以上理论分析可知，伦理实质上是一种要求，这种要求基于信任和信念等道德和心理因素，并对我们的行为产生伦理要求。中国的传统文化中，伦理被当作一种人本身固有的道德品性，是一种道德准则。而西方却将伦理视为一种工具，富兰克林和韦伯就将道德定义上的伦理称之为金钱。这样一种观念恰恰能够进入人们的实际经济生活中，并获得了生存和发展的根基。从这个意义上讲，伦理是一种准则，是人或人构成的组织为主体的经济交往行为的道德伦理。它包含三层含义：其一是人与人的相互信任是经济交往的前提。倘若在经济交往中彼此不信任，那么就会失去安全感。这种环境下必然导致要么经济行为不能发生，要么需要为证实对方可信任付出一定的代价，这无形中就增加了社会交易的成本。其二是基于一种假设的人的理想状态，即言必真。这一经济交往行为的条件是，你可以不说出真话，但在任何情况和时候都不能说假话，做到童叟无欺。其三是必须以公平互惠为原则。无论是口头的还是书面的承诺，在经济交往中双方都应该认真履行，这种履行也应该以对现实或未来的同等索取为原则。可以说经济伦理行为是经济行为主体的一种道德实践过程。两方经济主体在交易的过程中是相互对立又相互统一的利益关系。双方利益是否实现和实现到何种程度很大程度上取决于双方的道德和能力的实践。

三、共生理论

"共生"一词源于生物学，其作为生物领域的研究才百余年的历史。共生是指不同种属的生物一起生活，是动植物互相利用对方的特性和自己的特性一同生活、相依为命的现象。但20世纪中叶以来，随着各学科发展及相互渗透，共生理论早已超出了生物学的范围，对共生理论的研究扩展到许多学科领域（西方学者开始应用于社会科学领域），这就使得共生理论研究的范围越来越大，研究成果也不断深入。

共生理论在社会科学方面的应用主要是医学领域、农业领域和经济领域。西方社会学者们认为，在科技高度发达的现代社会里，人与人之间、人与物之间已经结成了一个互相依赖的共同体。在此基础上，学者们提出了用共生理论来设计社会生产体系，强调社会生产体系中各种因素的作用与关系。

共生理论认为，共生是自然界、人类社会的普遍现象；共生的本质是协商与合作，协同是自然与人类社会发展的基本动力之一；互惠共生是自然与人类社会共生现象的必然趋势等。运用共生现象普遍性的观点来看待人类社会中的政治、经济、文化、教育等的关系，就会更加深刻地理解和把握这些关系存在的客观性，从而按照共生原理不断推进其向优化转变，从而实现社会的可持续发展。① 1998 年，我国管理工程博士袁纯清运用共生理论研究小型经济，并提出：共生不仅是一种生物现象，也是一种社会现象；不仅是一种自然现象，也是一种可塑状态；不仅是一种生物识别机制，也是一种社会科学方法。他通过创新和界定一系列重要概念，建构了共生理论作为一门社会科学所必需的概念工具体系、基本逻辑框架和基本分析方法，从而将作为生物学的共生学说创新为社会科学的共生理论，给人们提供了一种对于自然、社会现象认识的新的境界、新的思维和新的方法。2002 年湖南正清制药集团股份有限公司董事长吴飞驰的《看见看不见的手——企业的共生理论》提出，"在家庭、部落、国家等各类组织中，和谐合作始终是生活的主流"，指出每个人追求的终极目标是和谐共生，与他人共生，与自然共生，与宇宙共生。

作为社会经济的细胞，企业的生存与发展离不开共生理论的作用。企业具有组织的一切特性，其中人与人的关系是一种层级关系，人们依照企业内的分工，根据企业发展战略和计划

---

① 华信根. 共生理论综述. http://blog. sina. com. cn/s/blog _ 5cfdd9050100ckbd. html. 2009. 3

来行动，依据自上而下的命令来进行生产、创造。企业组织最大的特点是存在于一系列的相互需求、相互依存的共生关系中。企业的生存发展依赖着其他利益相关者。通过技术变换，生产出产品和服务，为客户提供生产资料，企业为客户提供使用价值，客户予以等价的回报，从而达到共享—交换生存；企业要生存、发展，客观上在生产要素市场上要有供应商提供生产要素或生产资料，企业才能制造出客户所需产品，通过出售产品来获得利润，而企业向供应商回报资金；员工是企业的基本单位，企业需要员工的辛勤工作来为它们创造财富，离开了员工的努力，企业将无法生存，企业也为员工的付出提供补偿；企业需要政府制定相关法律来约束自己和竞争者的行为；企业需要股东注入资金来维持自身生存发展的需要；企业需要债权人来获得自己长期发展的必要资金；企业需要与其他企业之间通过兼并、合资、合作和独立等方式来不断壮大自己，企业需要了解竞争者的状况来更新自己的产品，提高自己的技术，维持其生存发展的需要。

在企业绩效评价体系方面，我国企业从设计和实际运用缺乏一种和谐的、长远的、多角度考虑的思想。大多数企业追求短期经济效益，丧失诚信，社会责任缺失，严重违背了共生理论的主要思想，即企业在追求财富最大化的时候，应当从战略出发，站在构建和谐社会的角度，重视社会责任，综合考虑各个利益相关者的利益，处理好与各方利益相关者的共生关系，追求与各个利益相关者的和谐、共赢，而不应把经济利益放在首位。企业在共生理念的指导下，在经营过程特别是在进行决策时，除了要考虑企业本身的利益，还应适当考虑与企业行为有密切关系的其他利益群体以及社会的利益，包括现在、未来和企业关系密切的利益群体的利益。企业除了考虑其行为对自身是否有利，还考虑对他人、对社会、对后代、对非人类群体是否有不利的影响，如是否会造成公害、环境污染、浪费资源等。

四、逆向选择理论

逆向选择这一术语最早起源于保险业。1970年乔治·阿克洛夫在其论文《柠檬市场：质量不确定和市场机制》中，对这一问题进行了开创性的研究。在旧车市场上，卖主比买主更清楚车的质量状况，买主在不知道车的质量状况的情况下，只愿按照市场旧车的平均质量给出价格。这样，质量好于平均质量的旧车就会因为买主出价偏低而退出市场。市场上旧车平均质量继续下降，买主愿意支付的价格也会进一步下降，更多的较高质量的汽车退出市场。在均衡的情况下，只有低质量的汽车成交，极端情况下甚至没有交易。阿克洛夫将这种在信息不对称的情况下出现市场失灵最终导致"劣胜优汰"称之为逆向选择。

逆向选择是信息不对称的一个基本类型，存在隐藏信息的问题。阿克洛夫指出，买卖双方都希望在交易中实现自身的效用最大化，由于掌握信息的差异，必然造成决策依据的差异，从而使得均衡结果表现为高质量的商品退出市场，低质量的商品留在市场，而买者只能买到低质量汽车，可见，信息不对称是导致逆向选择的根源。也就是说，基于事前信息问题的逆向选择的出现是因为一方拥有与潜在交易相关的私人信息，而这些私人信息基本上不能被另一方觉察，正是这种私人信息的不易觉察性构成了信息问题的实质，并把风险转嫁给了交易的另一方。伴随着风险的转嫁，逆向选择的市场危害慢慢突显出来。阿克洛夫认为，在不对称信息下，逆向选择的影响程度有多大，市场在多大范围内存在，依赖于产品质量的分布和买卖双方对产品评价的差异程度。

企业绩效考核的逆向选择类似于劳动力市场，被考核者拥有比考核者更多的关于自身能力与努力程度的信息，对于考核者制定的绩效标准，如果付出更多的努力以增进绩效，那么势必在第二期面临更加难以完成的绩效标准，从而使得被考核者在一开始就会隐藏自己的能力类型而付出较少的努力程度，考核者在进入下期的绩效标准制定中，会参照实际成本以调低绩效标准，被考核者事实上是越来越容易完成任务，理性的被考核者实际上会在后续考核周期中继续隐藏自身的能力类型而付出较少努力程度获得被考核者剩余。随着逆向选择的影响不断扩大，高能力高效率的被考核者逐步退出考核领域，转化为低效率者，绩效考核标准越来越低，整个绩效考核机制效率低下，甚至名存实亡。

针对逆向选择所产生的市场危害，信号传递、信息甄别模型是有效的解决途径。斯宾塞对不对称信息市场进行了进一步的拓展，研究了市场上具有信息优势的行为主体是如何可信地向信息处于劣势的行为主体传递信息信号，以避免产生与逆向选择相关联的问题。斯蒂格利茨对不对称市场理论进行了深入研究，并将其引入保险、资本、信贷等市场之中，研究在不对称信息市场中，缺乏信息的行为主体将采取何种行动，考察、甄别不同风险程度的客户，并创建有效的激励机制和最优契约。

五、交易费用理论

（一）交易费用理论概要

在 1937 年著名的经济学家科斯首次提出了交易费用理论。在经典论文《企业的性质》一文中，科斯指出企业和市场是两种不同但又能相互替代的交易体制。而这两者的边界就取决于交易费用。科斯在马歇尔的边际理论的基础上，将其引用到企业和市场的形成领域，承袭微观经济学，得到了交易费用理论。

他指出："当企业通过内化市场交易而减少的边际交易费用等于因规模扩大而增加的边际管理费用时，企业停止增长，达到规模均衡。"

威廉姆斯从"经济人"假设出发，对交易费用理论进行了补充和发展。在信息传播效率和信息接收能力等因素的制约下，社会人是不可能永远理性的，在多数情况下，人们只能是有限理性，而且具有较为明显的机会主义的行动动机，而这种机会主义就会直接影响经济市场的效率，从而增加交易费用。由于信息的不对称，市场上交易的双方对对方是否诚实都持保留态度，因此不轻率地按照对方提供的信息作出决定。而这种交易的不确定性恰恰是提高交易费用的一个重要原因。合同契约等法律文件在市场千变万化的现实面前，不可能完美地规定各种可能出现的情况以及交易双方的责任和义务，从而导致在机会主义行为存在的条件下使一方的利益受到损害。比如契约的执行人是机会主义者，那么在市场条件不确定的影响下，若发生不利于他的变化时，他将有很大的动机和借口表示契约前提发生了变化，而不执行契约。而这种不履行契约的行为又没有违反法律，并不会给他带来什么影响，但却会给交易的另一方造成损失。因此，威廉姆斯也提出企业和市场的相互替代的关键就在于要降低交易费用。

交易费用分为内生费用和外生费用，这两者之间存在冲突，因此同时降低两种交易费用是很难兼顾的。杨小凯认为内生交易费用是机会主义行为导致的市场机制失灵而造成的损失，而外生费用主要产生在议定、执行合同和保护产权的过程中。要降低交易费用应依赖于专业化经济的发展。

（二）交易费用的伦理分析

从交易费用理论的角度分析，当企业内部的某项经济行为所耗费的管理费用高于外部交易的费用时，企业就会将这项管理行为定义外化为"市场交易行为"，以达到管理费用和交易费用更低水平的新的均衡。这种均衡就要求企业的经营越来越专业化——专业化方向突出，专业化水平提高，同时也推动了专业化经济不断出现。伦理资本就是这种社会分工越来越专业和细化，专业水平不断加深引起资源的利用程度不断提高的市场经济的产物。而它的产生也推动了内生交易费用和外生交易费用都得到了下降。

伦理资本的出现让市场交易中的机会主义行为得到了有效的约束。前面我们讲到，市场主体都是有限理性的，在面对未来不确定性时有机会主义行为倾向。但不得不考虑的是，市场主体在交易的过程中，必须考虑当前利益和长远利益，特别是准备长期经营的微观经济个体，交易的出发点必然是使自己能够立足于长远的经济利益而并非短暂的当前利益。这种出于长远利益的伦理考虑，让交易者在很多情况下不得不克制自己的机会主义冲动，维护自己的伦理，获得交易对方的信任和社会好评。他们都希望能够用良好的信誉为基础得到更多的交易对象、交易机会和获利机会。显然，这样一种伦理的产生无形中降低了自己的交易费用。在这种追求良好伦理的前提下，各个微观市场主体的伦理声誉在决定其商业化地位和交易地位方面发挥重要的作用。这种作用通过高度量化了的伦理等级划分和评定对商业活动的影响来体现。众所周知，伦理等级高的企业个体占有优势，在社会交易中占有有利地位，能够获得更多的资源和利益；相反，处于弱势的伦理等级较低的微观个体要么很难被对方接受，要么需要付出更多的交易成本。

第五章　民营企业伦理与绩效管理关系的定性分析

　　我国民营企业伦理与绩效管理的定性研究需要我们理清两者之间的各种关系，解决很多相互关联的问题，比如：民营企业伦理、经营管理活动、绩效管理三者的关系如何？企业伦理与绩效管理互动的基础是什么？将绩效管理与企业伦理互动研究的最终目的是什么？本章就这些问题及图 5-1 所示的框架，对绩效管理与企业伦理进行互动研究。

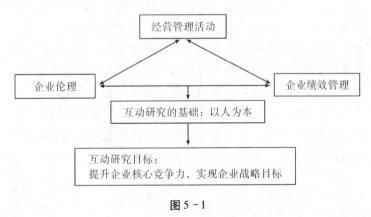

图 5-1

第一节　企业伦理与经营管理活动的关系

企业伦理作为企业长期生产经营活动中所形成的具有较大共识性的集体化伦理价值观和道德意识，是企业领导人根据自己企业的特点倡导员工应当遵循或追求的道德价值目标和道德理想。它包括企业在处理内外关系中以伦理理念为核心的伦理原则、道德规范及其实践的总和。一般来说，企业伦理渗透于企业生产经营活动的各个环节，对外表现在企业的产品或提供的社会服务上，对内则贯穿于企业精神、经营理念、规章制度等方面。

今天的企业无时无刻不处于变革之中。经营环境的变化使企业的性质、目的、组织结构、管理模式、经营理念受到前所未有的冲击。企业对于社会不再仅仅是一个提供产品和劳务的经济组织。在此意义上，管理伦理问题便提到了企业发展的议事日程上。西方对企业伦理问题的关注起始于 20 世纪 40 年代，随着消费者反欺骗、反污染、反不正当竞争呼声的高涨，越来越多的企业注意将伦理道德因素纳入企业活动的范围，主动履行社会责任。与此同时，从理论上，人们开始关注社会责任问题，并形成了两种对立的观点：古典观和社会经济观。

古典观最直率的支持者是经济学家、诺贝尔奖获得者米尔顿·弗里德曼。他认为，今天大部分经理是职业经理，即他们并不拥有他们经营的公司，他们是雇员，对股东负责。因此，他们的主要责任就是按股东的利益来经营业务。那么这些利益是什么呢？弗里德曼认为股东们只关心一件事：财务收益率。根据弗里德曼的观点，当经理将组织资源用于"社会产品"时，他们是在削弱市场机制的基础。有人必须为这种资产的再分配付出代价。如果社会责任行为降低了利润和股息，那么股东受损失；如果必须降低工资和福利来支付社会行为，那么雇员受损失；如果用提价来补偿社会行为，那么消费者受损失。如果市场不接受更高的价格，销售额便下降，那么企业也许就不能生存，在这种情况下，组织的全部组成要素都将受损失。社会经济观认为，时代已经变了，并且对公司的社会预期也在变化。公司的法律形式可以最好地说明这一点。公司要经政府许可方能成立和经营，同样，政府亦有权解散它们，因此公司不再是只对股东负责的独立的实体了，它还要对建立和维持它们的更大的社会负责。

在社会经济观的支持者看来，古典派观点的主要缺陷在于它的时间框架。社会经济观的支持者认为，管理者应该关心长期的资本收益率最大化。为了实现这一点，他们必须承担社会义务以及由此产生的成本。他们必须以不污染、不歧视、不从事欺骗性的广告宣传等方式来保护社会福利，他们还必须融入自己所在的社区及资助慈善组织，从而在改善社会中扮演积极的角色。在理论上对社会责任问题的反思、实践中，非伦理经营失败的事实逐渐改变了企业对伦理道德的认识。20 世纪 70 年代以来，强生、大众、宝马、西门子等世界知名企业出于生产经营道德或技术环保等社会责任的考虑，纷纷制定维护企业声誉、企业形象的企业章程或企业伦理信条，在企业中大力倡导伦理道德之风；80 年代，强生公司的泰诺胶囊事件生动地向人们说明了企业伦理的重要性。许多企业开始在经营管理活动中融入伦理精神，具体表现在：①对人的认识从"经济人"转变为"社会人"、"自我实现的人"。由于泰罗理论的影响，企业认为人力资本是企业最重要的资源，尊重员工不过是实现企业利润最大化的方法而已。而随着企业的发展，康德式的命题——人应该永远把人作为目的，而永远不要把人只看作实现目的的手段，越来越得到企业的认可。②决策标准向多维度发展，形成了伦理化决策模式。企业在决策活动中不仅考虑自身利益，而且考虑社会整体利益，不仅分析决策的事实前提，而且分析决策的价值前提。③重视员工之间、企业与利益相关群体之间的关系。企业倡导员工之间的团结与协作，注意满足顾客、股东、供应商、社区、政府等利益相关者的需要。④把企业当作事业经营而非一味追求利润，谋求企业的长远发展。我国自20世纪80年代改革开放以来，在企业伦理问题上也经历了巨大变革。社会主义市场经济体制的确立，为企业发展创造了良好的制度环境。许多优秀企业脱颖而出进入世界五百强，为中国经济的发展做出了重大贡献。与此同时企业经营中也出现了一些有悖于伦理道德的行为和事件，如假冒伪劣产品、恶性竞争、财务造假、上市公司会计信息不实、环境污染等，这一系列问题严重损害了社会利益，也损害了企业的社会形象。所以，企业如何协调自身利益与社会利益的关系，企业是否应以利润最大化为目标，企业是否应承担社会责任，现代企业的发展之路应该如何走，成为企业和社会共同关注的重大课题。管理伦理作为企业经营活动中无法回避的实践课题摆在人们面前。在探讨管理伦理之前，我们面临的基本问题是：为什么企业要讲伦理道德？伦理道德与其经营活动有何关系？

一、市场的需要

加入世界贸易组织（WTO）后，中国企业要融入世界经济，认同市场经济伦理道德的形势非常紧迫。中国企业要融入世界经济一体化，要与跨国企业开展竞争，前提是必须遵守国际市场的经济规则及与之并存的市场伦理道德。遗憾的是，中国企业目前最大的问题就是规则意识的欠缺和伦理道德意识的薄弱。

二、现代社会价值观念更新的需要

2001 年 11 月，安然向美国证券交易委员会递交文件，承认做了假账，并于 12 月正式向法院申请破产保护，破产清单所列资产高达 498 亿美元，成为美国历史上最大的破产企业；2002 年，安达信倒闭、世通公司财务丑闻等一系列恶劣事件震撼了美国与全球业界。曾屡次创造利润神话，一度号称"中国第一蓝筹股"的 ST 银广夏，因伪造经营业绩、虚报财务报表而受到中国证监会的处罚。由此可以看出，企业伦理已成为全球企业共同面临的问题。

现代社会价值观念日趋理性，整个社会对于道德建设日益重视，呼唤道德的回归。人们认识到，市场经济完善和发展的动力，除了客观的经济和政治方面的因素外，还有包括伦理道德在内的非经济因素的作用。市场经济的运行和发展，要求经济活动的自由有序，秩序所凝结的规范既有强制的政策和法律，也有自律的道德。市场经济活动是一种社会行为，它需要道德准则进行调节，从而减少不规范行为对市场运行秩序的破坏。

三、现代企业制度和管理的需要

企业伦理是现代企业存在和发展的重要条件，是企业正确认识和处理它在社会上、市场上的角色、功能、责任、义务所不可缺少的。现代企业在管理过程中首先会碰到投资者、经营者、劳动者三者之间的责权利关系问题，这牵涉如何认识和评价资本、劳动、管理在企业生存和发展中的地位和作用，也牵涉如何在分配过程中恰当地处理三者之间的利益关系。企业伦理在正确处理企业内部各种关系、化解企业内部的各种矛盾、增加企业内部的团结和凝聚力时不可缺少。

人们除了获得一定的经济报酬和物质利益的要求，还有各种社会的、精神文化的、伦理道德上的需要和追求。这就要求我们在管理中除了贯彻物质利益、经济报酬的原则之外，还要加强企业伦理的建设，使人们在企业劳动和工作中同时得到文化上、精神上、伦理道德上的满足、完善和发展。

四、管理学解释

企业作为社会经济活动的主体，其追求利润最大化的活动是在具体的社会环境中进行的，其经营管理活动必然对社会产生这样那样的影响，必然与个人和其他组织发生这样那样的相互关系。企业要进行正常的生产经营活动，就必须处理好各种利益关系，因而也就必须把握其中的伦理关系，树立正确的伦理观念，确立一定的伦理准则和道德规范，指导生产经营活动。对企业伦理的认识必须结合管理环境和利益相关者来分析。

（一）管理环境理论

罗宾斯认为，环境是指对组织绩效起着潜在影响的外部机构或力量。任何组织都不是独立存在的，环境中有某些力量在管理者行为的形成过程中起着主要作用。环境可区分为一般环境和具体环境。一般环境包括组织外的一切，例如经济因素、政治条件、社会背景及技术因素，还包括那些能影响组织但联系尚不清楚的条件。具体环境是与实现组织目标直接相关的那部分环境。它是由对组织绩效产生积极或消极影响的关键顾客群或要素组成的。具体环境对每一组织而言都是不同的，并随条件的改变而变化。典型的情况是它包括供应商、客户或顾客、竞争者、政府机构及公共压力集团。正如我们所看到的，组织并不能自给自足，它们同环境发生相互作用，并受环境的影响。组织依赖其环境作为投入的来源和产出的接受者。

（二）利益相关者理论

利益相关者是指那些能够影响企业实现目标的任何集体或

个人，或是那些受到企业实现目标影响的团体或个人。因为他们在企业中有自己的利益之所在，因此会关注企业，从而影响企业的目标。通常可把利益相关者分为直接利益相关者和间接利益相关者。直接利益相关者包括所有者、员工、管理者、债权人、顾客、社区、供应商、零售商、竞争者和其他合作伙伴。间接利益相关者包括政府、公共组织、社会压力团体、新闻界、学术界、工会、一般公众等。利益相关者理论认为，现代企业是一个利益相关体，企业经营管理是一种合作活动。企业要有所有者，没有所有者的初始投入，就不可能有企业。企业要有顾客，产品或服务得有足够数量的人按足够高的价格购买才行，购买的人越多，愿意出的价格越高，企业越能获得利润。企业要有员工，员工的素质越高，员工与员工之间、员工与企业之间的合作程度越高，越能生产出具有竞争力的产品或服务。企业要有供应者，企业不可能所有原料、零部件都自己生产，不可能所有技术都自己开发，不可能自备所有的资金，故需要原材料、零部件、技术、资金供应者。原材料、零部件、技术、资金的供应越是稳定可靠，企业经营就越顺利。企业要有竞争者。企业通常不喜欢竞争者，但没有了竞争者，就成了垄断，而垄断是法律所不允许的。企业还要有政府、社区、公众的理解、合作与支持。同样，所有者、顾客、员工、供应者、竞争者、政府、社区、公众也能从与企业的合作中获得好处，他们也离不开企业。可见，企业有许多利益相关者，而且与他们关系十分密切。可以说，企业的任何决策、任何行为都会对利益相关者产生或多或少的影响。怎样处理与利益相关者的关系是企业不可避免的、每时每刻都面临的问题。

五、经济学解释

微观经济学理论认为企业行为具有外部性。外部性按其效应的有利或不利可分为正的外部性和负的外部性，其效应也就相应地可称为外部正效应和外部负效应。如果行为的实施者造成了额外的成本，使得其他厂商或个人无法补偿地来承受这种额外成本，由此产生的就是外部负效应。如随地乱扔垃圾的人使所有其他人感受到不干净的环境带来的不舒服，一个乱按喇叭的司机使行人承受噪声的苦恼，钢铁厂的烟囱排放大量烟尘使环境污染更为严重。反之，如果行为的实施者造成额外的收益，使其他厂商或个人无偿地享受到额外的收益，则由此产生的就是外部正效应。如养蜂场的蜜蜂为附近的果园传播花粉将提高果园的产量。外部性造成资源配置的扭曲，在负的外部性情况下，它将造成产品的过度供给，外部正效应的存在使得产品的供给不足。外部性理论说明企业经济行为对社会的影响是重大的，如何解决外部性问题，不仅企业自身关心，政府、公众和社会团体也十分关心。因此，要求企业遵循一定的伦理道德规范和法律制度，设法消除外部性。

六、伦理学解释

理查德·乔治认为，企业已成为当代社会的重要组成部分，它通过各种方式与我们所有人发生联系。我们为自身的生存和享受购买各种产品，我们的生活离不开电力与汽油等各种资源的提供，我们购买食品、衣服以及各种服务。很多人的工作是为我们制造所需的产品，另一些人将产品运到商店，商店中的人负责将产品销售给消费者，企业并非独立于社会之外或是被强加于其中的内容，它是社会不可或缺的构成部分。道德的基本内容是人类行为的各种规则，用以说明哪些行为是错误或违背道德的，而其他的则是正确和合乎道德的。我们可以用道德的观点来评价人类的行为。由于经营行为是一种人类行为，因而也可以从道德角度对其进行评价，正如对其他人类行为的评价一样。企业与道德之间事实上存在着更加深刻的关系。经营行为与其他社会行为相似，必须在行动之前预先设定一个道德背景，这一点是不可或缺的。

如前所述，正是由于企业的经营管理活动是在具体的社会环境中进行的，受许多利益相关群体的影响，所以企业不仅是经济主体而且是伦理主体，是经济主体和伦理主体的统一。企业在处理内外部各种经济关系时要遵循一定的社会伦理道德规范，企业行为受一定道德原则的支配。

企业内外部各种经济关系可细分为利益关系、契约关系和义务关系三个层面，其所体现的实际上是一种伦理关系。①利益关系是企业经济关系的基础。企业内部的利益关系主要包括资本所有者或股东、经理人员和职员之间的关系；企业外部的利益关系包括企业与国家（含社区与公共部门）、企业与消费者、企业与企业的关系。企业就是这样一个内部协作和外部协作构成的利益关系主体，而协作本身就包含着道德因子。②契约关系是企业利益关系的法律形式。企业契约关系是企业利益关系的具体体现，既包括内部各种契约关系，也包括外部各种契约关系，它成为法权关系的一种。当契约签订后，由于人的普遍自利心和社会存在不道德的违约现象，在各个签约者面前就会有许多伦理性的选择。契约实行的过程本质上是签约各方所持伦理原则的实践，反映出签约各方的道德水准。从这个意义上说，契约关系也是伦理关系。③企业责任关系是企业经济关系的最高层面。为了保证利益相关者的利益得以平等实现，人们选择了契约来界定契约双方的责任与权利。但仅仅通过契约来界定权利与责任是远远不够的，还要诉诸人的义务感和良心，使企业与内外公众、企业与社会、企业与生态环境之间建立一种主动的互动责任关系。因此，由利益关系、契约关系和责任关系所构成的企业经济关系，实际上是受一定的道德意识、道德原则支配，以利益互置的运动方式存在的相对稳定的社会关系的总和，是一种伦理关系。企业伦理关系包括三层含义：其一是企业与外部利益人之间的伦理关系，如企业与民族、政府、消费者、社区、相关企业之间的关系。其二是企业与内部利益人之间的伦理关系，如企业与员工、股东、员工家属之间的关系，此外还有管理者与被管理者之间的关系。其三是企业与生态环境之间的伦理关系，包括企业与区域性的微观生态环境之间的关系和企业与全球性的宏观生态环境的关系。企业伦理关系是以企业利益关系为基础，以企业契约关系为表现形态的义务关系，是企业与利益相关人、社会、自然界的道义关系。当企业作为一个社会关系主体产生时，企业伦理关系也就随即产生了。从企业经营活动实践来看，不少企业问题，诸如财务问题、竞争手段问题、产品质量问题、虚假广告问题、合同违约问题、环境破坏问题、权力滥用问题和员工权益受损问题、企业业绩下滑问题等，在本质上都应归属于伦理问题。这些问题的表象下潜藏着深层次的伦理问题，集中到一点上就是单纯的以利润最大化为目标的经济活动组织和个人同社会环境的矛盾。美国强生公司的泰诺胶囊事件，可以说明企业经营活动对利益相关群体的重要影响。南京冠生园月饼事件，则说明企业经营活动必须在道德规范约束的范围内进行，企业追求利润最大化的先决条件是满足顾客真正的需要。

总之，企业经营管理活动离不开伦理道德的约束。尤其在经济全球化背景下，企业与社会的关系日益密切，如何协调企业与社会之间的利益关系，除依赖经济、法律手段外，伦理道德的作用是非常重要的。一般的法律规范在调节企业与社会利益问题上，由于其手段、方法和领域的局限性，为道德调节留下了空间，使道德成为企业赖以生存和发展的重要因素。

下面我们就以生产电子、计算机系统产品为主的美国著名企业惠普公司为例，说明企业伦理与企业经营活动的关系。

　　20世纪80年代后期，计算机行业面临环境急剧变化的危机，惠普公司管理当局看到了环境的变化，并全力推进公司的变革。高级管理者对组织进行了重组：撤销了两个高层管理委员会，取而代之的是一种跨职能领域和组织界限的团队结构。惠普公司除了提供优于其他公司的福利、现金分红和股票购买制度等物质奖励外，管理高层还给员工们授予了充分的权力，简化了决策制定的过程，并投入大量精力向员工们宣传，使员工树立一种高度的紧迫意识，勇于采取冒风险的行动。此外，在不断提供优质的产品和服务的同时，惠普鼓励员工们寻找全新的办法，使公司从研究、行政、管理到销售各个领域都能达到高效运作，从而大幅削减了成本。就公司的工程技术人员而言，公司不仅每年都要挑选一些优秀的应届毕业生，而且不惜成本地提供在职培训，使优秀的年轻员工可以得到公司提供费用的带薪脱产进修的机会。重视产品质量和优质服务，尊重和爱惜人才，鼓励竞争和创新精神是惠普公司的宗旨。在惠普公司的领导者与员工的共同努力下，惠普公司迅速走上了复苏的道路。1992年的美国《幸福》杂志排出的500家最大工业企业中，惠普公司以137亿美元的资产名列第42位。直至今日，惠普公司仍然是全球产销微型计算机最大的企业之一。

　　又如，一项对英国350家公司的调查研究表明，良好的公司经营绩效和企业伦理之间呈正相关的关系。1997—2001年间，遵守伦理规范的公司所制造的额外经济价值、额外市场价值、资金回报率和利润率都明显高于没有伦理规范的公司，而且遵守伦理规范的公司，其价格盈利率也更为稳定。

　　我们可以看到其企业快速发展的关键因素：首先，管理层引导企业文化发展，协调企业与员工利益的一致性，放权让员工积极参与企业的经营管理，激发员工的创造能力，增强员工的使命感和主人翁精神。其次，员工队伍积极响应管理层的制度措施，发挥个人主观能动作用，参与公司的管理与建设，在公司提供的各项培训中不断充实完善自我，真正融入到企业之中。再次，管理方法并不是单一的垂直管理形式，而是高层人员与员工之间的互动式管理模式；不仅采用物质奖励来激励员工，还从精神上满足员工的需求，恪守以人为本的经营管理理念；不仅重视企业的员工，更重视尊敬消费者和利益相关者，在满足他们对产品需求的同时，不断寻找降低成本的方法，从而达到各方共赢的良好局面。总的来说，良好的企业文化氛围，上下一致的企业精神，正是成就今日惠普公司辉煌的重要因素。

第二节　企业绩效管理在企业经营管理活动中的作用

绩效管理是战略管理的一个非常重要的有机组成部分。战略管理是对战略的形成与实施过程的管理，而绩效管理则是对战略管理进行测评与监控的最重要的构成要素，是具有战略性高度的管理制度体系。由于绩效管理体系具有战略性的特点，它能在更大程度上帮助企业实现其战略目标和远景规划。有效的绩效管理能够充分调动员工的积极性、主动性和创造性，不断改善员工和组织的行为，提高员工和组织的素质，挖掘其潜力。绩效管理能将经营活动中的计划管理、预算管理、绩效考核集成起来，整合各类资源，获得内外一致的战略执行力。

绩效管理促进组织结构调整的管理创新。多数组织结构调整都是对社会经济状况的一种反应，其表现形式各种各样，如减少管理层次、减小规模、调整战略性业务组织等等。紧随其后的便是管理思想和风格也要相应改变，如：给员工更多的自主权，以便更快更好地满足客户的需求；给员工更多的参与管理的机会，促使他们对工作投入，提高他们的工作满意感；给员工更多的支持和指导，不断提高他们的胜任特征；等等。而所有这一切都必须通过建立绩效管理系统，才能得以实现。

作为企业经营管理的一个重要方面，绩效管理的价值在于它能够帮助企业在良好的沟通氛围中正确地评价人和激励人。从绩效目标的制定、绩效计划的形成、实行计划中的信息反馈和指导到绩效评估、对评估结果的运用以及提出新的绩效目标等都需要员工的参与。这种"参与式"管理方式体现了对员工的尊重，不仅满足了员工的生理需要，同时满足了员工的尊重需要和自我实现的需要，从而为组织创造一种良好的氛围。绩效管理可以促使企业进一步提高质量管理水平。

绩效管理的思想和方法正在被世界范围内众多的公司所采用，也被越来越多的重庆企业家所重视。可以预见，绩效管理将是重庆市民营企业培育国际竞争力最为重要的管理制度体系，它将对重庆市民营企业起到不可估量的强大推动力。

第三节　企业伦理理念与企业绩效管理互动研究的目标

一、提升企业核心竞争力

核心竞争力又称为核心能力，是指"组织内部经过整合了的知识和技能，尤其是关于怎样协调多种生产技能和整合不同技术的知识和技能"。这一概念由美国著名管理专家克拉克·普拉哈拉德（C. K. Prahalad）和加利·哈默（Gary Hamel）于1990年在《哈佛商业评论》上发表的《企业核心竞争能力》一文中首先提出。从本质上讲，企业核心竞争力是存在于人、组织、环境、资产、设备等不同的载体之中的企业特有的知识和资源，企业通过这些特有的知识和资源，形成其他企业无法取代的特殊专长，开发出具有独特竞争力的产品或者服务。

企业的核心竞争力是企业赖以生存和发展的关键要素，是市场竞争中获取持续竞争优势的能力，是企业在竞争中的制胜之本。企业核心竞争力是一种超越竞争对手的能力，是企业自身具备和独有的不能轻易为其他的能力所取代的能力。它体现在其产品在市场上有竞争优势和价值，他人难以复制和效仿。

企业的可持续发展取决于企业能否拥有核心竞争力，而核心竞争力的重要源泉是加强企业绩效管理和塑造企业伦理理念，四者之间存在着内在逻辑关联性。由此看来，企业的可持续发展最终取决于企业是否有伦理观和有效的企业绩效管理。如果企业讲伦理、讲道德，就会赢得利益相关者的信任、支持和参与，与他们建立起牢固的关系。因此，企业伦理有助于企业享有良好的商誉，提高其社会地位，有助于企业取得和维持杰出的组织业绩并实现可持续发展，企业伦理是企业可持续发展的不竭之源，为企业核心竞争力提供坚实的理论基础。

企业的实际运行告诉我们：从内部来说，新技术的发明和有效运用来自企业的创新能力，企业的创新能力来自具有创新激情的团队，员工的忠诚和高度职业素养则来自企业的道德水准；从外部而言，稳定而不断拓展的营销网络来自企业与顾客、经销商、当地政府、公共部门等外部利益相关者和谐和有效合作。因此，内外部两个方面考察都说明，企业伦理、企业的道德实力是企业核心竞争力的重要内容。

二、实现企业战略目标

在现代企业管理中，战略与绩效已成了两个不可分割的命题，绩效管理贯穿于企业战略管理的始终。例如在绩效指标的确定中，我们可以根据公司战略发展规划和上年度指标完成情况，制定本年度的经营方针，各部门围绕这些方针、部门职责、业务流程，制定本部门的绩效指标，部门绩效指标提交公司总经理办公会讨论，形成年度经营管理指标，各部门负责人与公司总经理签订绩效协议。此外部门绩效指标再分解形成员工个人目标。在制订绩效计划阶段，各级管理者要与下属员工进行目标面谈，通过沟通协商，共同制订员工的工作计划、实施方案、需要的资源支持，这样，我们就很好地将公司战略与人力资源还有绩效管理紧密连起来了。

绩效管理在战略运作中的作用主要表现在：①保证企业战略目标的实现；②促进绩效管理的改善——通过规范化的关键绩效、工作目标设定、沟通、绩效审查与反馈工作，改进和提高管理人员的管理能力和成效，促进被考核者工作方法和绩效的提升，最终实现组织整体工作方法和工作绩效的提升；③作为人力资源评判的标准——正式的综合考核结果作为物质激励（工资调整、奖金分配）和人员调整（人员晋升、降职调职）的依据或阶段的考核结果，并作为日常精神激励的评判标准。

由此我们不难看出，通过绩效管理来提高企业战略实施能力需要将绩效管理的思想和方法贯穿战略管理循环的始终，企业在具体操作中需要不断提升自身战略管理和绩效管理的认识与运作方法，才能有效地发挥这两种管理系统的作用，并产生整合效应，最终达到改善企业经营管理水平、提高企业效益的目的。

三、保障企业战略有效实施

企业伦理理念也是企业生存和发展的基本条件之一，也是确保企业战略有效实施的重要保障之一。企业伦理理念与战略的关系主要体现在以下几方面：

（一）企业伦理理念引导战略定位

一般而言，企业战略是在企业绩效观、经营理念等企业伦理核心要素所规范的总体经营思想、路线、方针的指导下产生的，也就是说，有什么样的企业伦理理念，就会形成什么样的战略。当企业具有很强的伦理理念时，会通过企业的经营理念、共同价值观等表现出企业的特殊性，这就有利于形成独特的企业战略。

（二）企业伦理理念是战略实施的关键

企业战略制定以后，需要全体组织成员积极有效地贯彻实施。长期以来形成的企业伦理理念具有导向、约束、凝聚、激励等作用，是激发员工工作热情和积极性、统一员工意志和目标、使其为实现战略目标而协同努力的重要手段。

（三）企业伦理理念与战略必须相互适应和协调

企业伦理一方面对企业战略的制定和实施具有引导和制约的作用；另一方面，企业战略也要求企业伦理与之相适应、相协调。企业根据外部环境和内部条件的变化制定的新战略，应与企业伦理相匹配。因此，企业在制定战略时，必须与相应的企业伦理理念相协调，这样才能保证企业战略管理的成功实施。

第四节　企业伦理理念在企业绩效管理中的作用

企业伦理不仅是实现企业目标、提高企业核心竞争力的关键因素，也是建立健全我国社会主义市场经济的内在要求。将企业伦理理念融入企业绩效管理，建立良好的企业伦理价值观，是当代市场经济和企业发展的一种明显的不可阻挡的历史趋势；

也是重庆市民营企业健康、持续发展需要积极探索的领域。

一个社会的进步，既需要经济的繁荣，也需要包括企业伦理在内的社会道德的同步发展；一个好的企业，一个符合企业伦理要求的企业，必然要求正确处理好伦理与绩效管理之间的关系，把握企业伦理理念在企业绩效管理实施中的地位。

一、企业伦理理念能有效激发人们创造绩效的积极性

经济人或理性人是现代经济学的基本假定之一，在对经济行为者的许多不同描述中，经济人的称号通常是加给那些在工具主义意义上是理性的人的，它基于人的自利动机，强调经济主体总是追求其目标值或效用函数的最大化。在经济管理领域中，这种自利动机就表现为对利润最大化的追求。每一个从事经济活动的人都是利己的，其所采取的经济行为都是力图以自己的最小经济代价去获得自己的最大经济利益，只有这样的人才是合乎理性的人。但是不可否认，几乎所有的不道德的企业行为都始于对利润最大化的追求，也就是说，归根结底，企业伦理问题的产生来源于对利润最大化的追求。不过任何企业都不是纯粹的经济机器，它存在于社会之中并且必须依靠社会环境才能生存，这又决定了企业需遵循一定的伦理规定，履行相应的社会责任的公益本性。

二、企业伦理形成企业的伦理资本，使物质资本与人力资本创造更大的持续的绩效

研究发现，企业伦理在绩效管理中的运用主要强调两点，一是绩效导向，二是无缝沟通。这主要表现在：

（一）绩效导向的企业文化伦理理念

我国自古就有"不得罪人"的文化传统，反映到企业文化上就是一种"老好人"文化——大家在进行绩效考核时都不愿

意做反面的评价，对员工评价反馈往往流于形式，好的评价反馈多，不好的评价被束之高阁。因此在考核时难免造成情感上的主观评价，所作的考评必定是含糊混淆，无法对员工形成正面有效的引导作用。另一方面，我国许多企业由于长期受计划经济的影响，企业中形成了一种"重资历、轻能力"的文化。如果他是一名老员工，由于年龄和知识结构等各方面的原因导致绩效不佳，那么他的上级在考评时就要费一番思量了，但通常的结果都是"他是老员工，照顾点算了"。岂不知这对高绩效员工尤其是年轻员工的积极性造成了极大的伤害。一个真正有思想、有抱负的人才，肯定不愿意在这样的一个环境中工作。

因此，一个企业绩效管理体系要有效运行，必须建立一种绩效导向的文化氛围，必须把有关"人"的各项决定，如岗位安排、工资报酬、晋升降级和解雇等看成一个组织的真正"控制手段"，组织中的每一个成员都应知道管理层真正需要的、重视的、奖励的是什么。

在这方面，联想给我们作出了榜样。联想的企业文化中有一条就是要求员工"踏踏实实工作，正正当当拿钱"。反映到具体的管理措施，就是用人不唯学历重能力，不唯资历重业绩，一切凭业绩说话。在人才的选拔和任用上，他们有一套规范的手段和流程，不是以某个人的主观判断来决定人员的录用和选择，而是在对素质、能力综合评价的基础上，把合适的人放在合适的位置上。

（二）无缝沟通的企业文化理念

沟通是实现高效绩效管理的重要因素之一。大多数学者都强调了沟通对绩效管理的作用，把沟通视作绩效管理的"灵魂"。那么，企业应该如何塑造一种上下级之间无缝沟通的文化氛围呢？首先，企业高层管理者应该身体力行，养成主动沟通的好习惯。企业高层管理者作为企业文化的建设者，也是企业文化的传播者，他们的一言一行都将直接影响下级的行为和对文化的认同。其次，企业应形成一种高层管理者的定期借鉴制度，这对于无缝沟通企业文化的形成也能起到很好的促进作用。作为高层管理人员，定期安排时间单独会见一下那些来自公司基层的员工，可以是表现突出的员工，也可以是"问题员工"，倾听他们的意见和建议，不仅可使高层管理者更具亲和力，了解到更多基层的真实情况，而且会使组织减少官僚作风，保持沟通顺畅。而对中层或基层管理人员来讲，要接受这种文化并自觉地把它作为自己管理工作的一个部分。

构建无缝沟通的企业文化需要做以下两个方面的工作：一是开展卓有成效的培训，在培训中应讲清楚有效沟通的重要意义，同时也传授一些沟通方面的技巧，消除由于方式不当造成的沟通不畅。二是通过绩效管理进行强化，引导管理人员重视沟通，因为考核的结果是要与其自身利益挂钩的，因此效果肯定不错。

沟通是绩效管理的一个重要特点。在大量的有关绩效管理的专著、文章中，作者们大都不约而同地强调了沟通对绩效管理的作用，更有人把沟通称作绩效管理的"灵魂"，可见沟通对绩效管理是极为重要的。为什么沟通如此重要？这是因为在设定绩效目标时，管理者只有同员工沟通，双方目标才能达成一致；绩效目标制定以后，管理者要做的工作就是努力帮助员工实现目标。绩效目标往往略高于员工的实际能力，员工需要跳一跳才能够得着，所以难免在实现的过程中出现困难。

另外，由于市场环境千变万化，企业的经营方针、经营策略也会出现不可预料的调整，随之变化的是员工绩效目标的调整。所有的这些都需要管理者与员工一起，通过沟通帮助员工改进业绩，提升水平。这个时候，管理者就要发挥自己的作用和影响力，努力帮助员工排除障碍，提供帮助，与员工沟通，不断辅导员工改进和提高业绩，帮助员工获得完成工作所必需的知识、经验和技能。

在绩效考核结束后，管理者还需要同员工进行一次沟通，通过沟通让员工明白自己的长处和短处，长处在今后的工作中继续发扬长处，克服短处，这样不但可以使员工在以后的工作中更有目的性，而且可以通过有效的绩效管理发挥绩效管理的激励作用。然而，在企业实际的绩效管理过程中，沟通却往往是绩效管理最薄弱、最容易让人忽视的一个环节。在笔者调查的几家企业之中，有的企业仅仅在设定绩效目标时同员工有过简单沟通，有的企业甚至连基本的沟通都没有。应在员工表现优秀的时候给予及时表扬和鼓励，以扩大正面行为所带来的积极影响，强化员工的积极表现，给员工一个认可的机会。在员工表现不佳、没有完成工作的时候，也应及时真诚地予以指出，以提醒员工需要改正和调整。这个时候，管理者不能假设员工自己知道而一味姑息一味不管不问。不管不问的最终结果只能是既伤害员工也影响企业发展。

因此，我们必须强调：沟通应贯穿于绩效管理的整个过程，需要持续不断进行。这对管理者来说，可能是一个挑战，他们可能不太愿意做。但必须这样做，否则会影响绩效管理的实施。而不进行有效的绩效管理，必然影响企业的健康发展。

企业要塑造一种上下级之间无缝沟通的文化氛围。

第六章　民营企业伦理与绩效
管理关系的定量研究

第一节　民营企业现状分析

改革开放以来，我国民营企业发展迅速。以机械工业民营企业为例，截至 2010 年年底，我国机械工业民营企业数量已达8.5 万家，占同期机械工业企业总数的 79%，总产值也占到52%，从业人数占到 59%。据统计，2011 年 1~7 月我国民营企实现利润占同期全行业比重的 45% 以上，而行业从业人员高达970 多万人，占全行业的 58%，名副其实地成为了机械工业发展最活跃、最重要的部分。这一系列的数据显示出我国民营企业良好的发展势头。但是，不容忽视的是，金融危机以来，我国民营企业面临着国际国内双重挑战，成本上升的压力不断增加，特别是 2011 年以来，机械工业民营企业对全行业利润、上交税金贡献不断增加的同时，各种成本负担激增，而政府虽然加大了对民营企业政策支持的倾斜的力度，但仍远远不及国有和大型企业，民营企业在艰难中行进，这种变化应引起关注。为了说明以上观点，比较三种所有制的有关指标如下：

有利方面，民营企业增长快，占比继续上升。首先，产值方面，2010年民营企业的产值数占比达52.05%，2011年1~8月产值占比升到54.2%，企业数占比79.5%，增长速度1~8月比国企高出20多个百分点，比三资企业高出11个百分点。其次，在利润上增速和占比优势明显。1~7月民营企业利润占比为45.37%，增速高出国有企业近20个百分点，高出三资企业25个百分点。这一趋势表明民营企业较大的社会贡献：民营企业就业人数占全行业的60%，增长速度明显高于国有企业和其他三资企业，是中国最大的企业群体（尤其是在沿海地区的几个省份如江苏、山东、广东、浙江等地，民营经济发展更为迅猛），同时上缴国家的税金及附加增速也比国有企业快7个百分点，增值税增速达到31.15%，而同期的国有企业和三资企业都出现下降3%的现象。

不利方面，民营企业外部竞争环境差，成本上升快。第一，在企业规模增长、产值增加的同时，部分企业亏损上升快。机械工业总体上1~7月按亏损额（企业财务报表中反映的亏损额经主管税务机关按照税法规定核实调整后的金额）计算的亏损面比按企业数计算的亏损面低7.3个点，主营业务税金及附加上升36.13%，利息支出上升39.4%，三种所有制亏损面均比去年有所上升，更为严重的是民营企业亏损额增幅高达56.02%，分别高于国有企业和三资企业24.72和31.46个百分点。从统计数据看：民营企业反映的成本数据增长均高于国有与三资企业，而生产规模、效益增长也大大高于国有及三资企业。第二，民营企业融资代价大。2011年1~7月机械工业民营企业主营业务成本上升34.59%，与国有企业和三资企业相比，分别高出23和10个百分点。究其原因，财务成本是重要的因素。从比例上看，民营企业的财务费用增幅和利息支出大大高于行业平均水平（财务费用上升 33.27%，利息支出上升 39.4%）。同时，民营企业的负债增幅也高于国有和"三资"企业近 10 个点。这能够从侧面表示受主要观念和社会体制的约束，民营企业在不断发展的同时，也面临着巨大的问题。

笔者通过以上分析简要地从一个侧面反映了当前民营企业在我国市场经济中已成为推动我国经济较好较快的持续前进的重要力量，但是与国有和三资企业相比，民营企业在发展中可利用的社会资源相对匮乏，面对的外部环境更为复杂多变，并且由于缺乏反映自身发展诉求的渠道，易遭遇不公平对待。这使得民营企业的生存和发展始终处于相对脆弱的状态，不确定性风险较为突出。这既有国家宏观经济环境和金融体制的原因，也有民营企业内部的原因（如困扰民营企业可持续发展的"企业文化"建设尤其是伦理建设、"融资难"等问题）。本书认为，在众多的原因中，企业内部问题——伦理缺失是其主要的根源。企业伦理体系建设不足，导致伦理信息不透明，银行不敢轻易贷款。加快民营企业的伦理建设，有利于化解因信息不对称导致的民营企业"融资难"问题。而伦理体系的建设，关键在于民营企业对伦理资本的了解和重视。

第二节　实证研究方法选择

一、因子分析和聚类分析阐述

前文已经阐述了企业伦理资本是企业的重要资本，对企业的发展具有不同于人力和物力资本的贡献力量，能推动企业绩效的增长。那么在现实中是否如此，需要事实的验证。本书将以伦理能力和伦理品质两个方面作为衡量伦理资本大小的标准，采用财务指标和外部环境、企业素质等一系列可量化和可转为量化的指标，并通过主成分分析提取主要的影响因子，以因子得分为主要的依托点，对研究样本进行聚类分析。同时在企业绩效方面，采用托宾 Q 值，通过企业伦理资本的聚类和企业绩效进行对比，依据其的比例和发展方向来判断企业的伦理资本是否对企业绩效如理论上所说具有推动作用。

（一）因子分析

人们往往认为掌握的信息越多，对实务的认识就会越全面。因此在研究实际问题时，希望能尽可能多地收集相关变量，以期能对问题有比较全面、完整的把握和认识。但有时候却存在这样的矛盾，在实际数据建模时，我们拥有的这些变量未必能真正发挥预期的作用，"投入"和"产出"往往并非总成正比，从而给研究者在统计分析时带来计算量大或者变量间存在相关等很多的问题。比如在多元线性回归中，我们必须避免的就是变量间的高度的多重共线性，也就是不同的解释变量存在较强的相关性。这种情况的产生会给回归方程的参数估计带来许多麻烦，致使回归方程参数不准确甚至模型不可用等。要解决上述问题，最简单和最直接的解决方案是削减变量个数，但盲目削减变量有可能导致信息丢失和信息不全面等问题的产生。为此，人们希望能够探索出一种更有效的解决方法，它既能大大减少参与数据建模的变量个数，同时也不会造成信息的大量丢失。因子分析这种方法能够有效降低变量维数，又能保留绝大多数信息，得到了广泛的应用。

因子分析的前提是在最少的信息丢失下，将众多的原有变量综合成较少几个综合指标，即提取成因子。通常，因子分析的结构有以下几个特点：①提取的因子个数远远少于原有变量的个数；②提取的所有因子能够反映原有变量的绝大部分信息；③每个因子之间的线性关系不显著；④每个因子具有命名解释性。总之，因子分析就是研究如何将众多的原有变量浓缩成少数几个因子，又能达到最少的信息丢失，并使最后提取的因子具有一定的命名解释性的一种多元统计分析方法。本书在研究实证阶段就将采用这种方法将初步选取的指标进行降维，最后提取出主要的因子，以利于分析。

（二）聚类分析

根据事物本身的特性可以将事物分为不同的类别，聚类分析就是统计中研究个体分类的方法。利用聚类分析得出类别的原则是同一类中的个体有较大的相似性，不同类中的个体差异很大。

根据分类对象的不同，聚类分析可以分为样本聚类和变量聚类。

样本聚类又称为 Q 型聚类，从分类的方法上来说就是根据被观测的对象的各种特征，即反映被观测对象的特征的各种变量值对事件进行聚类，或是说对观测量进行聚类。例如用 K - means 聚类分析，可以根据观众对电视机外观的偏好的特点把电视机外观分为 K 组，并把该结果用于确定营销市场的分类，或把城市（观测量）进行分类，以便对不同城市的策略进行比较。

变量聚类又被称为 R 型聚类。现实社会中反映同一事物特点的变量有很多，一般我们会依照所研究问题选择部分变量对事物的某一方面进行研究。由于人类对客观事物的认识和了解是有限的，在一定的期间内和学识范围内很难找出彼此独立的代表性的变量，这样就会影响对问题的进一步认识研究。例如在回归分析中，经常会发生由于自变量的共线性导致偏回归系数不能真正反映自变量对因变量的情况。因此一般在进行回归之前，都应该根据变量的特点和数据特征进行变量聚类，找出彼此独立且有代表性的自变量，而又不丢失大部分信息。

无论哪种聚类分析所得出的结果都是为了某种目的而得到的，往往并非自然界真是存在这样的类。

第三节　指标选取

一、伦理资本价值指标的选取

在指标的初选阶段，本书认为，伦理资本的大小可以分为伦理能力和伦理品质两个方面。目前，对于企业伦理的高低，一般采用信用评级的方法。通过建立模型来给企业的伦理进行划分，是目前很多评级机构和银行在对企业进行贷款审批时主要的方法。本书借鉴这一方法，在伦理资本大小量的评价指标上进行参考。本书首先从国外主要的金融机构如标普、穆迪、花旗等以及我国的中国工商银行、中国建设银行等典型的金融机构信用评级指标作为指标筛选的主要参考，同时参考国内外的学术文献，增加相应的财务指标，用频数统计的方法进行指标的初选。考虑到有些指标的相关性、数据缺失项过多、反映信息少、不可预测等因素，本书在最后择定指标之前，进行了一些删减，最终得到定性和定量的指标共 34 个，如表 6 - 1 所示。

表 6-1　　　　　　伦理资本价值评价指标

目标层	指标	指标构成	频数
我国民营企业伦理资本量大小的评价	伦理能力	资产净利润率 净利润/平均总资产	36
		资产报酬率 息税前利润/资产总额	7
		净资产报酬率 净利润/平均股东权益	19
		销售净利润率 净利润/主营业务收入	26
		主营利润率 （主营业务收入－主营业务成本）/主营业务成本	41
		每股收益 净利润/期末总股本	23
		流动比率 期末流动资产/期末流动负债	26
		速动比率 （期末流动资产－存货）/期末流动负债	24
		流动负债经营活动净现金流比率 经营活动净现金流量/流动负债	14
		营运资本总资产比	16
		营运资本主营业务收入比	5
		利息保障倍数 息税前利润/财务费用，其中，息税前利润＝净利润＋所得税＋财务费用	19
		总资产周转率 主营业务收入/平均资产总额	9
		存货周转率 主营业务成本/平均存货	26
		应收账款周转率 主营业务收入/平均应收账款	9
		固定资产周转率 主营业务收入/固定资产	7
		流动资产周转率 销售收入/平均流动资产	8
		平均负债成本率 财务费用/平均负债总额	6
		资产负债比率 负债总额/资产总额	20
		产权比率 股东权益/负债总额	15
		盈利增长倍数 （本年净利润－上年净利润）/上年净利润的绝对值	11
		LOG 资产总额	28
		总资产增长率 （本年总资产－上年总资产）/上年总资产	6
		主营业务收入增长率 （本年主营业务收入－上年主营业务收入）/上年主营业务收入	9
		留成收益总资产比 留存收益/资产总额	12
		留存利润比 留成收益/净利润总额	10
		每股净资产 期末净资产/期末总股本	19
	伦理品质指标	行业准入壁垒	2
		行业周期	3
		高管平均年龄	13
		独立董事比例	14
		监事会规模	10
		经营者诚信状况	1

上述指标的选取依照了伦理资本的积累性、间接性和收益的超额性的特点。

伦理资本对企业绩效的影响最终都是要体现在企业的财务状况、竞争力和市场地位等方面，而反过来，这些财务指标也可以反映出伦理资本对企业收益的影响程度。将伦理资本作为一种无形资产，其主要的作用并非一目了然，而需要体现在物质资本、货币资本和人力资本的融合能力上。伦理资本的形成和维护并非一朝一夕的，这种长期的积累特征就决定了它的作用也能体现在市场主体的资产周转水平上，如总资产周转率、应收账款周转率、资产负债比率等方面。

产权比率等指标会直接地体现其作用。以美国为例，在其社会伦理（信用）体系建成后，伦理（信用）化程度得到了明显提高，这种作用直接体现在了美国国民的个人消费伦理的增长和企业商业伦理的迅速增长上。

下面对相关指标简要说明。前面分析了影响企业伦理资本的有外部环境也有内部因素，因此在指标的选取上，笔者也选取了行业准入壁垒和行业周期性来作为外部环境的衡量指标。我国经济是市场经济，但同时也离不开国家的宏观政策调控，政府在宏观经济管理方面扮演着非常重要的角色，政策的支持或限制对于中小企业有着重大的影响。因此，企业的发展首先是要和国家的产业政策相关联的。与此同时，不同行业有不同的特点和发展规律，行业所处的发展阶段影响着中小企业的风险承受能力，进而也会影响中小企业的还款能力。从内部看，本书将相关的指标概括为企业的素质。在这方面主要是通过企业高管层的行业经验以及法人结构和企业的诚信状况来衡量。我国的企业，特别是中小企业和民营企业，很多都是没有实现所有权和经营权的分离的家族式企业。一般主要经营者对企业具有绝对的控制权，企业的发展方向、管理水平和质量很大程度上取决于主要经营者本人的素质和能力，因此经营者的行业经验这一指标能够很好地反映一个企业的素质。但由于数据收集上的困难，本书以高管的平均年龄代替此变量。企业治理结构的好坏反映了该企业管理是否规范及有效，因此可以从治理结构的角度来衡量企业素质。法人治理结构方面，本书主要选取了包括监事会的规模、独立董事的比例等指标。由于民营企业多具有经营权与所有权不分离的特点，因此企业的还款意愿就很大程度上取决于经营者的意愿，而经营者长期以来的诚信情况则能很好地反映其在还款方面的态度。目前我国的上市公司交易所的深交所和上交所都建立了企业的诚信档案，可以供投资者查询，其中包括各上市中小企业及其经营者上市以来的违规和受处分情况以及承诺事项是否完成的指标。因此选取企业的诚信状况作为指标既能反映上市民营企业的还款意愿和伦理状况，也符合了指标数据的可获取性要求。

二、企业绩效评价指标的选取

近几年来，股东价值最大化的理财目标得到了普遍认同，越来越多的企业将增加企业绩效作为企业可持续发展的战略目标，这就要求衡量企业绩效的指标能准确反映为股东创造的价值。如何检验企业是在创造价值还是毁损价值，如何有效衡量企业资本创值能力，通过价值评估指标反馈市场信息，不仅影响我国农业产业化政策的顺利实施，也关系到资本市场的健康发展。目前评价企业绩效的方法很多，本书采用以 Tobin's Q 作为企业绩效衡量指标。

Tobin's Q 值是经济学家托宾提出的一个衡量公司纵向的价值成长能力的指标，它等于企业的市场价值与企业资产的重置价值之比。具体定义为：公司总市值与重置成本的比值，即：

$$\text{Tobin's } Q = 公司总市值 \div 资产的重置成本$$

一般来说,市场价值可以用公司股票的市值与公司发行的债券市值来计算。但市场上缺乏各类资产的旧货市场,比较困难的是企业资产重置价值的计算,目前国内研究均采用企业总资产的账面价值代替该资产的重置价值。当企业会计系统低估了资产的价值时,Tobin's Q 值大于 1,反之则小于 1。我国目前的实际情况通常是低估企业的资产价值,其低估的主要原因在于没有考虑到企业能力资产的影响,将大量能够给企业带来可能收益的能力资产和资源(如企业组织、企业文化、企业核心竞争能力、竞争优势等)排斥在会计系统之外。

通常,Tobin's Q 值中各指标的算法是:

公司总市值 = 股权价值的市值 + 净债务的市值股权价值的市值

= A 股收盘价 × A 股流通股数 + B 股收盘价 × 人民

币外汇牌价 × B 股流通股数 + (总股数 - A 股流

通股数 - B 股流通股数) × 每股净资产

净债务 = 短期借款 + 1 年内到期的长期负债 + 长期借款

- 货币资金 - 短期投资净额

本书样本企业的 Tobin's Q 值全部来源于国泰安数据库。

三、定性指标数据的处理

定性指标一般是无法直接得到数据来进行分析的,例如本书选取的行业准入壁垒、行业周期性等指标。对于无法用定量评分方法评分的定性指标,本书将通过对国内外金融机构现有评价体系中定性指标的评分标准的对比和理性分析,制定出适合民营企业特征的评分标准。

(一)行业准入壁垒的打分标准

是否能够开设企业,一个重要的关键点是所开设企业是否能够满足国家政策的规定。因此,行业的准入壁垒上选取相关行业的国家政策为打分依据。节约资源、保护环境和构建和谐社会是我国经济发展的主基调，因此，国家确定的十大节能重点工程、水污染治理工程、燃煤电厂二氧化硫治理、循环经济试点、水资源节约利用、资源综合利用、垃圾资源化利用、清洁生产、节能减排技术研发和产业化示范及推广、节能技术服务体系、环保产业等国家鼓励性行业的重点项目得100分，而会带来污染和资源浪费等石油加工、炼焦、化工、建材、钢铁、有色和电力等高污染高耗能的行业受到政策限制，得0分，企业行业得50分。

（二）行业周期性的打分标准

根据国家统计局的行业增加值数据，用中小企业所处行业的行业增加值的增长速度 S 来划分周期性行业。划分标准可以为：S≥15% 时，属于成长期行业，得100分；15＞S≥3% 时，属于投入期行业，得60分；3%＞S＞0 时，属于成熟期行业，得30分；S≤0 时，属于衰退期行业，得0分。

（三）经营者诚信情况的打分标准

本书将以证券交易所对上市公司的处分来对经营者诚信情况进行打分，即以是否受到过证券交易所的处分为标准来对上市中小企业的诚信进行评分，具体标准为：从未受到过处分的，得100分；最近三年受到证券交易所公开谴责的，一次扣10分，扣完为止。

第四节　研究样本选取及数据获取

一、研究样本选取

本章根据国泰安数据库的统计，选取在深交所上市的民营企业为研究样本，考虑到 1 年的财务数据不能够真实准确的反映企业的实际情况，因此，在财务数据上选取 2009 和 2010 年的平均值，并且选取的样本企业应该有完整的 2009 年和 2010 年的财务报表的企业。也就是必须是 2008 年 12 月 31 日之前上市的民营企业。同时，考虑到伦理资本的建立和维护是一个长期持续的过程，在样本的挑选中应剔除 2008—2010 年中发生重大变革以及两年中在交易所上市状态不一致的企业。最后得到的样本量为 183 家。样本企业基本信息见表 6-2。

表 6-2　　　　　　　样本企业基本情况

证券代码	证券简称	行业代码	行业名称	地区
000009	中国宝安	M	综合类	华南
000018	ST 中冠 A	C11	纺织业	华南
000020	深华发 A	C55	日用电子器具制造业	华南
000023	深天地 A	E01	土木工程建筑业	华南
000036	*ST 华控	C11	纺织业	华南
000056	深国商	H11	零售业	华南
000063	中兴通讯	G81	通信及相关设备制造业	华南
000403	三九生化	C43	化学原料及化学制品制造业	华北
000407	胜利股份	C49	塑料制造业	华东
000418	小天鹅 A	C76	电器机械及器材制造业	华东
000510	金路集团	C43	化学原料及化学制品制造业	西南
000516	开元控股	H11	零售业	西北
000527	美的电器	C76	电器机械及器材制造业	华南
000533	万家乐	C76	电器机械及器材制造业	华南
000534	万泽股份	D01	电力、蒸汽、热水的生产和供应业	华南

表6-2(续)

证券代码	证券简称	行业代码	行业名称	地区
000540	中天城投	M	综合类	西南
000546	光华控股	J01	房地产开发与经营业	东北
000547	闽福发A	G81	通信及相关设备制造业	华东
000559	万向钱潮	C75	交通运输设备制造业	华东
000560	昆百大A	H11	零售业	西南
000564	西安民生	H11	零售业	西北
000571	新大洲A	C75	交通运输设备制造业	华南
000578	盐湖集团	H21	商业经纪与代理业	西北
000584	友利控股	M	综合类	西南
000585	东北电气	C76	电器机械及器材制造业	东北
000586	*ST汇源	H21	商业经纪与代理业	西南
000592	中福实业	A03	林业	华东
000593	大通燃气	D03	煤气生产和供应业	西南
000594	国恒铁路	F11	交通运输辅助业	华北
000602	金马集团	G85	通信服务业	华南
000603	*ST威达	C73	专用设备制造业	西南
000607	华立药业	C78	仪器仪表及文化、办公用机械制造业	西南
000608	阳光股份	J01	房地产开发与经营业	华南
000611	时代科技	C78	仪器仪表及文化、办公用机械制造业	华北
000613	ST东海A	K32	旅馆业	华南
000615	湖北金环	C47	化学纤维制造业	华中
000627	天茂集团	C43	化学原料及化学制品制造业	华中
000633	ST合金	M	综合类	东北

表6-2(续)

证券代码	证券简称	行业代码	行业名称	地区
000638	万方地产	J01	房地产开发与经营业	东北
000639	金德发展	C69	金属制品业	华中
000662	索芙特	M	综合类	华南
000667	名流置业	J01	房地产开发与经营业	西南
000671	阳光城	M	综合类	华东
000676	思达高科	C78	仪器仪表及文化、办公用机械制造业	华中
000679	大连友谊	H11	零售业	东北
000690	宝新能源	D01	电力、蒸汽、热水的生产和供应业	华南
000700	模塑科技	C75	交通运输设备制造业	华东
000703	世纪光华	G81	通信及相关设备制造业	华南
000712	锦龙股份	C11	纺织业	华南
000716	ST南方	M	综合类	华南
000718	苏宁环球	J01	房地产开发与经营业	东北
000723	美锦能源	C41	石油加工及炼焦业	华北
000726	鲁泰A	C11	纺织业	华东
000735	罗牛山	A05	畜牧业	华南
000736	ST重实	J01	房地产开发与经营业	西南
000796	宝商集团	H11	零售业	西北
000799	酒鬼酒	C05	饮料制造业	华中
000802	北京旅游	K34	旅游业	华北
000809	中汇医药	C8110	中药材及中成药加工业	西南
000826	合加资源	K01	公共设施服务业	华中
000835	四川圣达	C4115	炼焦业	西南

表6-2(续)

证券代码	证券简称	行业代码	行业名称	地区
000861	海印股份	C61	非金属矿物制品业	华南
000876	新希望	C01	食品加工业	西南
000887	中鼎股份	C4815	橡胶零件制造业	华东
000889	渤海物流	H09	其他批发业	华北
000893	东凌粮油	C0111	植物油加工业	华南
000902	中国服装	C13	服装及其他纤维制品制造业	华北
000925	众合机电	C73	专用设备制造业	华东
000929	兰州黄河	C05	饮料制造业	西北
000931	中关村	K01	公共设施服务业	华北
000936	华西村	C47	化学纤维制造业	华东
000939	凯迪电力	D01	电力、蒸汽、热水的生产和供应业	华中
000955	*ST 欣龙	C11	纺织业	华南
000961	中南建设	E01	土木工程建筑业	华东
000967	上风高科	C71	普通机械制造业	华东
000971	ST 迈亚	C11	纺织业	华中
000975	科学城	K01	公共设施服务业	华南
000980	金马股份	C78	仪器仪表及文化、办公用机械制造业	华东
000995	*ST 皇台	C05	饮料制造业	西北
000997	新大陆	G87	计算机应用服务业	华东
000998	隆平高科	A01	农业	华中
002004	华邦制药	C81	医药制造业	西南
002005	德豪润达	C76	电器机械及器材制造业	华南
002006	精工科技	C73	专用设备制造业	华东
002008	大族激光	C57	其他电子设备制造业	华南

表6-2(续)

证券代码	证券简称	行业代码	行业名称	地区
002009	天奇股份	C73	专用设备制造业	华东
002010	传化股份	C43	化学原料及化学制品制造业	华东
002012	凯恩股份	C31	造纸及纸制品业	华东
002015	霞客环保	C11	纺织业	华东
002018	华星化工	C43	化学原料及化学制品制造业	华东
002019	鑫富药业	C43	化学原料及化学制品制造业	华东
002020	京新药业	C81	医药制造业	华东
002023	海特高新	F11	交通运输辅助业	西南
002027	七喜控股	G83	计算机及相关设备制造业	华南
002035	华帝股份	C69	金属制品业	华南
002042	华孚色纺	C11	纺织业	华东
002043	兔宝宝	C21	木材加工及竹、藤、棕、草制品业	华东
002045	广州国光	C51	电子元器件制造业	华南
002049	晶源电子	C51	电子元器件制造业	华北
002052	同洲电子	G81	通信及相关设备制造业	华南
002054	德美化工	C43	化学原料及化学制品制造业	华南
002055	得润电子	C51	电子元器件制造业	华南
002064	华峰氨纶	C47	化学纤维制造业	华东
002065	东华软件	G87	计算机应用服务业	华北
002067	景兴纸业	C31	造纸及纸制品业	华东
002069	獐子岛	A07	渔业	东北
002070	众和股份	C11	纺织业	华东
002071	江苏宏宝	C69	金属制品业	华东
002074	东源电器	C76	电器机械及器材制造业	华东
002078	太阳纸业	C31	造纸及纸制品业	华东

表6-2(续)

证券代码	证券简称	行业代码	行业名称	地区
002082	栋梁新材	C67	有色金属冶炼及压延加工业	华东
002084	海鸥卫浴	C69	金属制品业	华南
002085	万丰奥威	C75	交通运输设备制造业	华东
002086	东方海洋	A07	渔业	华东
002089	新海宜	G81	通信及相关设备制造业	华东
002097	山河智能	C73	专用设备制造业	华中
002098	浔兴股份	C99	其他制造业	华东
002099	海翔药业	C81	医药制造业	华东
002102	冠福家用	C61	非金属矿物制品业	华东
002103	广博股份	C37	文教体育用品制造业	华东
002105	信隆实业	C37	文教体育用品制造业	华南
002108	沧州明珠	C49	塑料制造业	华北
002113	天润发展	C43	化学原料及化学制品制造业	华中
002117	东港股份	C35	印刷业	华东
002118	紫鑫药业	C81	医药制造业	东北
002119	康强电子	C51	电子元器件制造业	华东
002120	新海股份	C99	其他制造业	华东
002121	科陆电子	C57	其他电子设备制造业	华南
002122	天马股份	C71	普通机械制造业	华东
002123	荣信股份	C76	电器机械及器材制造业	东北
002124	天邦股份	C01	食品加工业	华东
002127	新民科技	C11	纺织业	华东
002130	沃尔核材	C51	电子元器件制造业	华南
002131	利欧股份	C73	专用设备制造业	华东
002132	恒星科技	C69	金属制品业	华中
002133	广宇集团	J01	房地产开发与经营业	华东

表6-2(续)

证券代码	证券简称	行业代码	行业名称	地区
002135	东南网架	E01	土木工程建筑业	华东
002138	顺络电子	C51	电子元器件制造业	华南
002141	蓉胜超微	C51	电子元器件制造业	华南
002143	高金食品	C01	食品加工业	西南
002144	宏达经编	C11	纺织业	华东
002146	荣盛发展	J01	房地产开发与经营业	华北
002150	江苏通润	C69	金属制品业	华东
002157	正邦科技	C01	食品加工业	华东
002160	常铝股份	C67	有色金属冶炼及压延加工业	华东
002161	远望谷	G81	通信及相关设备制造业	华南
002162	斯米克	C61	非金属矿物制品业	华东
002163	中航三鑫	E05	装修装饰业	华南
002164	东力传动	C71	普通机械制造业	华东
002165	红宝丽	C43	化学原料及化学制品制造业	华东
002167	东方锆业	C43	化学原料及化学制品制造业	华南
002168	深圳惠程	C76	电器机械及器材制造业	华南
002169	智光电气	C76	电器机械及器材制造业	华南
002173	山下湖	C01	食品加工业	华东
002174	梅花伞	C99	其他制造业	华东
002175	广陆数测	C78	仪器仪表及文化、办公用机械制造业	华南
002176	江特电机	C76	电器机械及器材制造业	华东
002178	延华智能	K20	专业、科研服务业	华东
002191	劲嘉股份	C35	印刷业	华南
002192	路翔股份	C43	化学原料及化学制品制造业	华南
002199	东晶电子	C51	电子元器件制造业	华东

表6-2(续)

证券代码	证券简称	行业代码	行业名称	地区
002200	绿大地	A01	农业	西南
002201	九鼎新材	C61	非金属矿物制品业	华东
002203	海亮股份	C67	有色金属冶炼及压延加工业	华东
002206	海利得	C47	化学纤维制造业	华东
002210	飞马国际	F21	仓储业	华南
002211	宏达新材	C43	化学原料及化学制品制造业	华东
002214	大立科技	C57	其他电子设备制造业	华东
002219	独一味	C81	医药制造业	西北
002220	天宝股份	C01	食品加工业	东北
002221	东华能源	H03	能源、材料和机械电子设备批发业	华东
002223	鱼跃医疗	C73	专用设备制造业	华东
002224	三力士	C48	橡胶制造业	华东
002225	濮耐股份	C61	非金属矿物制品业	华中
002237	恒邦股份	C67	有色金属冶炼及压延加工业	华东
002240	威华股份	C21	木材加工及竹、藤、棕、草制品业	华南
002244	滨江集团	J01	房地产开发与经营业	华东
002245	澳洋顺昌	K99	其他社会服务业	华东
002250	联化科技	C43	化学原料及化学制品制造业	华东
002259	升达林业	C21	木材加工及竹、藤、棕、草制品业	西南
002260	伊立浦	C76	电器机械及器材制造业	华南
002262	恩华药业	H0160	药品及医疗器械批发业	华东
002269	美邦服饰	H1120	纺织品、服装、鞋帽零售业	华东
002271	东方雨虹	C61	非金属矿物制品业	华北

二、研究数据的获取

本书研究所用的反映偿债能力、盈利能力、营运能力和成长能力等反映企业伦理能力的财务指标取自国泰安数据库中上市公司财务指标板块，通过计算2009年和2010年两年的指标数据求平均值，而反映企业伦理能力的财务品质中的企业素质等指标通过国泰安数据库、深交所企业诚信状况板块等手工收集和整理，按照定性指标评分方法计算得到。

第五节　数据处理和分析

一、样本量频数分析

（一）行业分布基本状况

绝大多数企业集中在制造业，各细分制造业的累积百分比达到66.1%，而其他行业的比例相对较低，稍高的也只是信息技术类5.5%，零售批发业5.4%，房地产业4.9%和综合类为3.8%。这表明民营企业在行业上集中化的倾向是很明显的。在制造业内部，样本民营企业在机械设备、石油塑料和金属的分布较大，位居前三位，纺织服装、电子、食品饲料则相对较少，再次是木材家具、造纸印刷、医药生物和其他制造业。

表6-3　　　　　　　　　样本量行业频数分析

		Frequency	Percent	Valid Percent	Cumulative Percent
Valid	A0	6	3.3	3.3	3.3
	C0	10	5.5	5.5	8.7
	C1	12	6.6	6.6	15.3
	C2	3	1.6	1.6	16.9
	C3	7	3.8	3.8	20.8
	C4	23	12.6	12.6	33.3
	C5	12	6.6	6.6	39.9
	C6	16	8.7	8.7	48.6
	C7	29	15.8	15.8	64.5
	C8	6	3.3	3.3	67.8
	C9	3	1.6	1.6	69.4
	D0	4	2.2	2.2	71.6
	E0	4	2.2	2.2	73.8
	F1	2	1.1	1.1	74.9
	F2	1	0.5	0.5	75.4
	G8	10	5.5	5.5	80.9
	H0	3	1.6	1.6	82.5
	H1	7	3.8	3.8	86.3
	H2	2	1.1	1.1	87.4
	J0	9	4.9	4.9	92.3
	K0	3	1.6	1.6	94
	K2	1	0.5	0.5	94.5
	K3	2	1.1	1.1	95.6
	K9	1	0.5	0.5	96.2
	M	7	3.8	3.8	100
	Total	183	100	100	

（二）按地区

表6-4　　　　　样本数据地区分布表

		Frequency	Percent	Valid Percent	Cumulative Percent
Valid		1	0.5	0.5	0.5
	东北	9	4.9	4.9	5.4
	华北	13	7.1	7.1	12.5
	华东	74	40.2	40.2	52.7
	华南	49	26.6	26.6	79.3
	华中	13	7.1	7.1	86.4
	西北	7	3.8	3.8	90.2
	西南	18	9.8	9.8	100.0
	Total	184	100.0	100.0	

从区域分布表来看，我国民营企业的分布主要集中在华东和华南地区，其中华东地区样本数为74家，而华南分布为49家，分别占到样本数量的40.2%和26.6%，表明我国民营企业发展的一个突出特点是，大量具有竞争力的同行业企业在地域上集群生长，呈现出"一村一品，一乡（镇）一业"的局面。这在浙江、广东、江苏、山东和福建等省都有例证，尤以浙江和广东最为突出。

二、因子分析

从伦理资本的不可确定性和模糊性来说，影响企业的伦理资本的因素很多，本书在选取指标上也进行了逐一分类。但这样的分类使得影响的指标选取得也较多，这并不是本书研究的重点，而且指标太多也会造成自相关等的问题。因此本书先采用因子分析提取公共因子，然后根据载荷矩阵给每个因子以命名。因子分析是为了从众多的原有的变量中综合出少数的具有代表性的因子。进行因子分析的前提是原有变量间具有较强的相关关系。若原有变量间不具有较强的相关性，那么就无法从中综合出能够反应某些变量共同特征的较少的因子，因此一般在因子分析前会对变量间是否相关进行检验。本书采用的是巴特利球形检验和 KMO 检验，检验结果如表 6-5。

表 6-5　　　　　巴特利特球度检验和 KMO 检验

采样充足度的 Kaiser-Meyer-Olkin 测度		0.531
巴特斯特球体检验	近似卡方值	2194.500
	自由度	406
	显著性系数	0.000

由表 6-5 可知，KMO 值为 0.531，比较适合作因子分析。而且球形检验统计量的观测值为 2194.500，相应的概率 P 值为 0.000，小于显著性水平（一般选显著性水平为 0.05），说明我们所选择的变量的相关系数矩阵与单位矩阵有显著性差异，也适合作因子分析。总之，KMO 和巴特莱特两项指标的数值都表明，对上述数据进行因子分析是可行和合理的。

接下来我们用 SPSS 来提取公共因子，所得结果见表 6-6（表 6-6 显示的是采用主成分分析法选取因子的情况，即进行装置之后的情况）。

表 6-6 中有 11 个因子的特征根大于 1，而且这 6 个因子的累积方差贡献率达到 70.729%，总体上原有变量的信息丢失较少，因此我们选取 6 个因子进行分析。而这一点，从 SPSS 运行结果中的碎石图（图 6-1）中可以看出，11 个因子之后出现明显转折，而其余的因子逐渐趋于平缓，因此，在指标的选取上遵从结果，选取 11 个主因子。

表6-6　　　　　因子解释原有变量总方差的情况

因子	初始特征根			提取的特征根			旋转后提取的特征根		
	合计	贡献率	累积贡献率	合计	贡献率	累积贡献率	合计	贡献率	累积贡献率
1	4.087	14.093	14.093	4.087	14.093	14.093	2.577	8.885	8.885
2	3.078	10.612	24.705	3.078	10.612	24.705	2.381	8.209	17.094
3	2.288	7.890	32.595	2.288	7.890	32.595	2.201	7.590	24.684
4	1.973	6.804	39.399	1.973	6.804	39.399	2.186	7.537	32.221
5	1.624	5.601	45.000	1.624	5.601	45.000	2.120	7.309	39.531
6	1.420	4.897	49.897	1.420	4.897	49.897	2.001	6.901	46.431
7	1.389	4.788	54.685	1.389	4.788	54.685	1.537	5.301	51.732
8	1.282	4.422	59.106	1.282	4.422	59.106	1.447	4.990	56.722
9	1.166	4.022	63.128	1.166	4.022	63.128	1.389	4.790	61.512
10	1.122	3.870	66.998	1.122	3.870	66.998	1.339	4.616	66.128
11	1.082	3.731	70.729	1.082	3.731	70.729	1.334	4.602	70.729
12	0.923	3.183	73.912						
13	0.896	3.088	77.000						
14	0.824	2.843	79.844						
15	0.815	2.809	82.653						
16	0.772	2.663	85.315						
17	0.741	2.554	87.869						
18	0.671	2.315	90.184						
19	0.622	2.144	92.328						
20	0.554	1.910	94.238						
21	0.459	1.581	95.819						
22	0.393	1.356	97.175						
23	0.290	1.000	98.175						
24	0.225	0.776	98.951						
25	0.104	0.360	99.311						
26	0.088	0.302	99.613						
27	0.063	0.216	99.829						
28	0.032	0.110	99.939						
29	0.018	0.061	100.000						

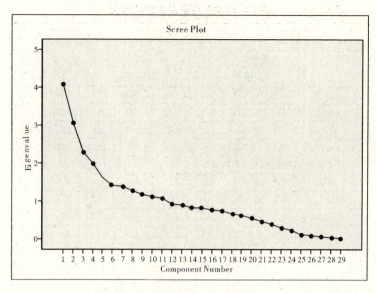

图6-1　主成分分析碎石图

因子提取后要对其进行命名，以便给出合理的解释。由于若直接选取的 11 个因子在解释上存在一定的难度，我们将需要采用旋转后的因子成分，使因子间的差异变得更加明显，使一个变量在尽可能少的因子上有较高的载荷，这样因子的实际含义会更清晰些，更便于命名。通常，用于因子旋转的方法有四次方最大法、方差极大法和等量最大法。本书选取方差极大法进行因子旋转，旋转后的因子载荷矩阵见表6-7。

表6-7　　　　　　　旋转后的因子载荷矩阵

	因子										
	1	2	3	4	5	6	7	8	9	10	11
Zscore（利息保障倍数 A）	0.471	-0.097	-0.007	-0.086	0.099	-0.160	-0.154	-0.118	-0.082	0.249	-0.034
Zscore（权益对负债比率）	0.080	0.065	0.284	0.019	0.775	-0.122	-0.049	0.106	-0.017	0.231	-0.134

表6-7（续）

	因子										
	1	2	3	4	5	6	7	8	9	10	11
Zscore(流动资产比率)	0.211	0.135	0.186	-0.161	-0.657	-0.184	-0.175	0.253	0.016	0.365	-0.013
Zscore(流动负债比率)	-0.078	-0.009	-0.414	-0.048	0.047	0.026	-0.374	0.133	-0.136	0.598	-0.134
Zscore(流动比率)	0.024	0.036	0.954	0.009	0.100	-0.161	-0.033	0.048	-0.046	0.035	-0.042
Zscore(速动比率)	-0.014	0.000	0.929	0.060	0.207	-0.070	-0.031	-0.002	-0.031	0.056	-0.043
Zscore(营运资金对资产总额比率)	-0.093	0.263	0.163	0.043	0.080	-0.623	-0.009	-0.083	-0.270	0.017	0.072
Zscore(总资产增长率B)	0.127	0.330	0.047	0.012	-0.204	0.106	0.013	0.604	-0.033	0.029	-0.015
Zscore(营业收入增长率B)	0.008	-0.103	-0.002	0.038	0.035	-0.074	0.001	0.828	-0.001	-0.005	0.120
Zscore(每股收益)	0.721	0.544	-0.008	0.106	-0.058	0.152	0.070	0.169	-0.022	-0.057	-0.036
Zscore(每股净资产)	0.073	0.863	-0.032	0.089	0.035	0.061	-0.027	0.137	-0.109	0.014	-0.172
Zscore(每股营业收入)	0.082	0.415	-0.073	0.029	-0.301	0.740	-0.094	0.063	-0.024	0.121	-0.010
Zscore(留存收益资产比)	0.222	0.652	0.085	-0.005	0.158	-0.017	-0.201	-0.153	-0.014	0.108	0.063
Zscore(现金流量比率)	0.176	0.049	0.194	0.098	0.747	-0.010	-0.064	-0.075	0.059	-0.068	0.152
Zscore(营业收入现金比率)	0.064	0.007	0.013	0.960	0.114	0.044	-0.025	0.029	0.019	-0.018	-0.051
Zscore(销售净利率)	0.230	0.062	0.051	0.933	0.080	0.005	0.026	0.039	-0.045	-0.027	
Zscore(息税前利润与资产总额比)	0.890	0.190	0.018	0.087	0.142	0.069	0.060	0.026	-0.040	-0.057	0.035
Zscore(净资产收益率(ROE)C)	0.845	0.130	0.013	0.327	-0.087	0.131	0.038	0.102	0.024	-0.123	0.029
Zscore(应收账款周转率C)	0.007	-0.057	-0.032	0.084	-0.063	0.010	-0.134	-0.042	0.029	0.058	0.721
Zscore(存货周转率C)	-0.059	0.048	-0.079	0.060	0.183	0.325	0.520	-0.087	-0.105	0.106	0.378
Zscore(流动资产周转率C)	0.045	0.084	-0.075	0.050	0.165	0.799	-0.074	-0.107	-0.208	0.062	0.090
Zscore(LOG资产)	0.206	0.585	-0.009	-0.044	-0.393	0.061	0.089	0.037	0.373	-0.189	0.141
Zscore(独董比例)	-0.028	-0.068	-0.025	-0.032	-0.034	-0.068	0.753	0.071	-0.069	-0.028	-0.105
Zscore(监事总规模)	-0.115	0.094	-0.083	0.093	0.081	-0.012	-0.181	-0.150	0.674	-0.151	0.217
Zscore(年龄)	0.023	-0.055	-0.165	0.009	0.019	-0.128	-0.187	0.049	-0.030	-0.686	-0.079
Zscore(教育背景)	0.015	-0.105	0.064	-0.002	-0.068	-0.146	0.319	0.071	0.574	0.302	-0.103

表6-7(续)

	因子										
	1	2	3	4	5	6	7	8	9	10	11
Zscore(诚信得分)	0.135	0.251	0.079	0.388	-0.061	-0.132	0.034	-0.293	-0.461	0.127	0.161
Zscore(行业壁垒)	0.125	-0.128	-0.003	0.027	-0.074	-0.290	0.460	-0.073	0.259	0.108	0.051
Zscore(行业周期得分)	-0.019	0.002	0.016	0.177	-0.083	0.004	-0.143	-0.194	-0.048	0.068	-0.645

从表6-7可以看到：息税前利润率和资产总额比、净资产收益率在第一个因子上具有较高的载荷，因为第一个因子主要解释了这两方面，可以把第一个因子解释为盈利因子；流动比率和速动比率在第三个因子上载荷比较大，可以将第三个因子命名为短期偿债因子；营业收入现金和销售净利率在第四个因子上载荷比较大，命名为主营能力因子；权益对负债比率和现金流量比为第五个因子，命名为产权因子；其余因子中，载荷较大的指标比较单一，可根据最大载荷的指标命名，分别为流动资产周转率（六因子）、营业收入增长率（八因子）、每股净资产（二因子）、独董比例（七因子）、监事会规模（九因子）、高管平均年龄（十因子）和应收账款周转率（十一因子）。由因子的分布亦可以看出，企业的伦理品质每个方面都是不可替代、独一无二的，说明了在企业建立伦理的机制是有必要的，这和本书的出发点是一致的。

有了这11个相互无关的因子之后，接下来我们可以利用这11个因子将样本数据按照因子得分进行聚类分析，需要计算11个因子的因子得分。利用SPSS可以得到这六个因子的得分系数矩阵，利用该系数表中的系数可以得到各个因子的函数，并计算相应的因子得分。

三、聚类分析

以上述因子得分的结果对样本企业进行聚类分析。在聚类分析的过程中，本书采取样本聚类，并选择 Ward 最小方差法，以方差最小为聚类原则。因为在因子分析的时候已经将数据进行了标准化，在此不必重复。在分类项的选择上，起初并不能完全确定分为多少项为佳，因此采用类数范围 4～8 类，再根据结果选择合理的类数。具体分类见表 6-8、表 6-9。

表 6-8 　　　　　　　　　聚类分析结果

Case	8类	7类	6类	5类	4类	Case	8类	7类	6类	5类	4类
1：中国宝安	1	1	1	1	1	94：华帝股份	2	2	1	1	1
2：ST 中冠 A	2	2	1	1	1	95：华孚色纺	6	5	4	3	3
3：深华发 A	1	1	1	1	1	96：兔宝宝	2	2	1	1	1
4：深天地 A	1	1	1	1	1	97：广州国光	2	2	1	1	1
5：华联控股	2	2	1	1	1	98：晶源电子	2	2	1	1	1
6：深国商	3	3	2	2	2	99：同洲电子	4	1	1	1	1
7：中兴通讯	4	1	1	1	1	100：德美化工	2	2	1	1	1
8：S＊ST 生化	1	1	1	1	1	101：得润电子	4	1	1	1	1
9：胜利股份	1	1	1	1	1	102：华峰氨纶	2	2	1	1	1
10：小天鹅 A	4	1	1	1	1	103：东华软件	2	2	1	1	1
11：金路集团	1	1	1	1	1	104：景兴纸业	2	2	1	1	1
12：开元控股	5	4	3	1	1	105：獐子岛	4	1	1	1	1
13：美的电器	4	1	1	1	1	106：众和股份	2	2	1	1	1
14：万家乐	1	1	1	1	1	107：江苏宏宝	2	2	1	1	1
15：万泽股份	2	2	1	1	1	108：东源电器	4	1	1	1	1
16：中天城投	4	1	1	1	1	109：太阳纸业	2	2	1	1	1
17：光华控股	6	5	4	3	3	110：栋梁新材	8	7	6	5	4
18：闽福发 A	2	2	1	1	1	111：海鸥卫浴	2	2	1	1	1
19：万向钱潮	1	1	1	1	1	112：万丰奥威	1	1	1	1	1
20：昆百大 A	1	1	1	1	1	113：东方海洋	2	2	1	1	1
21：西安民生	2	2	1	1	1	114：新海宜	4	1	1	1	1
22：新大洲 A	2	2	1	1	1	115：山河智能	4	1	1	1	1
23：盐湖集团	1	1	1	1	1	116：浔兴股份	2	2	1	1	1

表6-8(续)

Case	8类	7类	6类	5类	4类	Case	8类	7类	6类	5类	4类
24：友利控股	2	2	1	1	1	117：海翔药业	2	2	1	1	1
25：ST 汇源	1	1	1	1	1	118：冠福家用	1	1	1	1	1
26：中福实业	1	1	1	1	1	119：广博股份	2	2	1	1	1
27：大通燃气	2	2	1	1	1	120：信隆实业	2	2	1	1	1
28：国恒铁路	6	5	4	3	3	121：沧州明珠	2	2	1	1	1
29：金马集团	1	1	1	1	1	122：ST 天润	1	1	1	1	1
30：＊ST 威达	1	1	1	1	1	123：东港股份	2	2	1	1	1
31：华智控股	1	1	1	1	1	124：紫鑫药业	4	1	1	1	1
32：阳光股份	4	1	1	1	1	125：康强电子	2	2	1	1	1
33：时代科技	2	2	1	1	1	126：新海股份	4	1	1	1	1
34：ST 东海 A	1	1	1	1	1	127：科陆电子	4	1	1	1	1
35：湖北金环	1	1	1	1	1	128：天马股份	2	2	1	1	1
36：天茂集团	2	2	1	1	1	129：荣信股份	2	2	1	1	1
37：ST 合金	7	6	5	4	4	130：天邦股份	4	1	1	1	1
38：万方地产	4	1	1	1	1	131：新民科技	2	2	1	1	1
39：西王食品	6	5	4	3	3	132：沃尔核材	4	1	1	1	1
40：索芙特	2	2	1	1	1	133：利欧股份	2	2	1	1	1
41：名流置业	7	6	5	4	4	134：恒星科技	2	2	1	1	1
42：阳光城	4	1	1	1	1	135：广宇集团	4	1	1	1	1
43：思达高科	1	1	1	1	1	136：东南网架	2	2	1	1	1
44：大连友谊	1	1	1	1	1	137：顺络电子	2	2	1	1	1
45：宝新能源	2	2	1	1	1	138：蓉胜超微	4	1	1	1	1
46：模塑科技	1	1	1	1	1	139：高金食品	4	1	1	1	1
47：＊ST 光华	1	1	1	1	1	140：宏达高科	2	2	1	1	1
48：锦龙股份	2	2	1	1	1	141：荣盛发展	4	1	1	1	1
49：＊ST 南方	1	1	1	1	1	142：江苏通润	2	2	1	1	1
50：苏宁环球	4	1	1	1	1	143：正邦科技	2	2	1	1	1
51：美锦能源	2	2	1	1	1	144：常铝股份	1	1	1	1	1
52：鲁泰 A	2	2	1	1	1	145：远望谷	4	1	1	1	1
53：罗牛山	1	1	1	1	1	146：斯米克	2	2	1	1	1

表6-8(续)

Case	8类	7类	6类	5类	4类	Case	8类	7类	6类	5类	4类
54：ST 重实	4	1	1	1	1	147：中航三鑫	1	1	1	1	1
55：易食股份	2	2	1	1	1	148：东力传动	2	2	1	1	1
56：酒鬼酒	1	1	1	1	1	149：红宝丽	2	2	1	1	1
57：北京旅游	1	1	1	1	1	150：东方锆业	2	2	1	1	1
58：中汇医药	1	1	1	1	1	151：深圳惠程	4	1	1	1	1
59：桑德环境	5	4	3	1	1	152：智光电气	4	1	1	1	1
60：四川圣达	4	1	1	1	1	153：山下湖	4	1	1	1	1
61：海印股份	1	1	1	1	1	154：梅花伞	4	1	1	1	1
62：新希望	2	2	1	1	1	155：广陆数测	2	2	1	1	1
63：中鼎股份	2	2	1	1	1	156：江特电机	2	2	1	1	1
64：渤海物流	1	1	1	1	1	157：延华智能	4	1	1	1	1
65：东凌粮油	8	7	6	5	4	158：劲嘉股份	2	2	1	1	1
66：＊ST 中服	1	1	1	1	1	159：路翔股份	4	1	1	1	1
67：众合机电	6	5	4	3	3	160：东晶电子	1	1	1	1	1
68：兰州黄河	4	1	1	1	1	161：绿大地	1	1	1	1	1
69：中关村	4	1	1	1	1	162：九鼎新材	2	2	1	1	1
70：华西村	1	1	1	1	1	163：海亮股份	2	2	1	1	1
71：凯迪电力	1	1	1	1	1	164：海利得	2	2	1	1	1
72：ST 欣龙	1	1	1	1	1	165：飞马国际	4	1	1	1	1
73：中南建设	4	1	1	1	1	166：宏达新材	2	2	1	1	1
74：上风高科	4	1	1	1	1	167：大立科技	4	1	1	1	1
75：ST 迈亚	1	1	1	1	1	168：独一味	2	2	1	1	1
76：科学城	2	2	1	1	1	169：天宝股份	2	2	1	1	1
77：金马股份	4	1	1	1	1	170：东华能源	4	1	1	1	1
78：ST 皇台	1	1	1	1	1	171：鱼跃医疗	2	2	1	1	1
79：新大陆	4	1	1	1	1	172：三力士	2	2	1	1	1
80：隆平高科	4	1	1	1	1	173：濮耐股份	4	1	1	1	1
81：华邦制药	2	2	1	1	1	174：恒邦股份	2	2	1	1	1
82：德豪润达	4	1	1	1	1	175：威华股份	2	2	1	1	1
83：精功科技	7	6	5	4	4	176：滨江集团	4	1	1	1	1

表6-8(续)

Case	8类	7类	6类	5类	4类	Case	8类	7类	6类	5类	4类
84：大族激光	4	1	1	1	1	177：澳洋顺昌	2	2	1	1	1
85：天奇股份	4	1	1	1	1	178：联化科技	2	2	1	1	1
86：传化股份	2	2	1	1	1	179：升达林业	7	6	5	4	4
87：凯恩股份	1	1	1	1	1	180：伊立浦	7	6	5	4	4
88：霞客环保	2	2	1	1	1	181：恩华药业	4	1	1	1	1
89：华星化工	2	2	1	1	1	182：美邦服饰	4	1	1	1	1
90：鑫富药业	2	2	1	1	1	183：东方雨虹	4	1	1	1	1
91：京新药业	4	1	1	1	1	93：七喜控股	4	1	1	1	1
92：海特高新	7	6	5	4	4						

表6-9　　　　　　　　分类汇总表

8类	汇总	7类	汇总	6类	汇总	5类	汇总	4类	汇总
2	73	2	73	2	1	2	1	2	1
3	1	3	1	3	2	3	5	3	5
4	53	4	2	4	5	4	6	4	8
5	2	5	5	5	6	5	2		
6	5	6	6	6	2				
7	6	7	2						
8	2								

四、结果分析

将企业伦理资本价值大小因子得分的聚类结果和样本企业的托宾 Q 值进行大致比对后，本书认为将聚类结果分为 8 类较合理。因此，依样将各样本企业按照托宾 Q 值为变量进行聚类分析。此次直接选取样本分类数为 8，得到企业的聚类结果，将两次结果进行比对得出类别的相对误差数，具体分类结果见表6-10。

表6-10 伦理资本因子得分聚类结果和企业价值聚类结果比较

证券中文	因子得分聚类	托宾Q值聚类	误差绝对数	证券中文	因子得分聚类	托宾Q值聚类	误差绝对数	证券中文	因子得分聚类	托宾Q值聚类	误差绝对数
中国宝安	1	1	0	海印股份	1	1	0	ST天润	1	2	1
ST中冠A	2	2	0	新希望	2	2	0	东港股份	2	3	1
深华发A	1	1	0	中鼎股份	2	4	2	紫鑫药业	4	4	0
深天地A	1	2	1	渤海物流	1	3	2	康强电子	2	2	0
华联控股	2	2	0	东凌粮油	8	1	7	新海股份	4	4	0
深国商	3	1	2	*ST中服	1	1	0	科陆电子	4	4	0
中兴通讯	4	4	0	众合机电	6	1	5	天马股份	2	2	0
S*ST生化	1	2	1	兰州黄河	4	4	0	荣信股份	2	3	1
胜利股份	1	1	0	中关村	4	4	0	天邦股份	2	2	0
小天鹅A	4	4	0	华西村	1	1	0	新民科技	2	2	0
金路集团	1	3	2	凯迪电力	1	2	1	沃尔核材	4	4	0
开元控股	5	3	2	ST欣龙	1	3	2	利欧股份	2	3	1
美的电器	4	4	0	中南建设	4	4	0	恒星科技	2	2	0
万家乐	1	3	2	上风高科	4	4	0	广宇集团	4	4	0
万泽股份	2	2	0	ST迈亚	1	2	1	东南网架	2	2	0
中天城投	4	4	0	科学城	2	3	1	顺络电子	2	3	1
光华控股	6	2	4	金马股份	4	4	0	蓉胜超微	4	4	0
闽福发A	2	2	0	ST皇台	1	5	4	高金食品	4	4	0
万向钱潮	1	1	0	新大陆	4	2	2	宏达高科	4	4	0
昆百大A	1	2	1	隆平高科	4	4	0	荣盛发展	4	4	0
西安民生	2	2	0	华邦制药	4	2	2	江苏通润	2	2	0
新大洲A	2	3	1	德豪润达	4	4	0	正邦科技	2	2	0
盐湖集团	1	2	1	精功科技	7	7	0	常铝股份	1	1	0
友利控股	2	2	0	大族激光	4	4	0	远望谷	4	5	1
ST汇源	1	3	2	天奇股份	4	4	0	斯米克	2	3	1
中福实业	1	2	1	传化股份	2	2	0	中航三鑫	1	2	1

表6-10(续)

证券中文	因子得分聚类	托宾Q值聚类	误差绝对数	证券中文	因子得分聚类	托宾Q值聚类	误差绝对数	证券中文	因子得分聚类	托宾Q值聚类	误差绝对数
大通燃气	2	4	2	凯恩股份	1	3	2	东力传动	2	2	0
国恒铁路	6	6	0	霞客环保	2	2	0	红宝丽	2	3	1
金马集团	1	3	2	华星化工	2	2	0	东方锆业	2	3	1
*ST威达	1	6	5	鑫富药业	2	3	1	深圳惠程	4	4	0
华智控股	1	3	2	京新药业	4	4	0	智光电气	4	4	0
阳光股份	4	4	0	海特高新	7	5	2	山下湖	4	4	0
时代科技	2	3	1	七喜控股	4	4	0	梅花伞	4	4	0
ST东海A	1	7	6	华帝股份	2	3	1	广陆数测	2	3	1
湖北金环	1	1	0	华孚色纺	6	6	0	江特电机	2	3	1
天茂集团	2	3	1	兔宝宝	2	3	1	延华智能	4	4	0
ST合金	7	2	5	广州国光	2	2	0	劲嘉股份	2	2	0
万方地产	4	4	0	晶源电子	2	4	2	路翔股份	4	4	0
西王食品	6	6	0	同洲电子	4	4	0	东晶电子	1	2	1
索芙特	2	2	0	德美化工	2	3	1	绿大地	1	5	4
名流置业	7	3	4	得润电子	4	4	0	九鼎新材	2	2	0
阳光城	4	4	0	华峰氨纶	2	3	1	海亮股份	2	2	0
思达高科	1	1	0	东华软件	2	3	1	海利得	2	3	1
大连友谊	4	4	0	景兴纸业	2	2	0	飞马国际	4	4	0
宝新能源	2	2	0	獐子岛	4	2	2	宏达新材	2	2	0
模塑科技	1	2	1	众和股份	2	2	0	大立科技	4	4	0
*ST光华	1	7	6	江苏宏宝	2	3	1	独一味	2	3	1
锦龙股份	2	4	2	东源电器	4	4	0	天宝股份	4	4	0
*ST南方	1	3	2	太阳纸业	2	2	0	东华能源	4	4	0
苏宁环球	4	4	0	栋梁新材	8	1	7	鱼跃医疗	2	3	1
美锦能源	2	2	0	海鸥卫浴	2	2	0	三力士	2	2	0
鲁泰A	2	2	0	万丰奥威	1	1	0	濮耐股份	4	4	0

表6-10(续)

证券中文	因子得分聚类	托宾Q值聚类	误差绝对数	证券中文	因子得分聚类	托宾Q值聚类	误差绝对数	证券中文	因子得分聚类	托宾Q值聚类	误差绝对数
罗牛山	1	3	2	东方海洋	2	3	1	恒邦股份	2	2	0
ST重实	4	4	0	新海宜	4	4	0	威华股份	2	2	0
易食股份	2	2	0	山河智能	4	4	0	滨江集团	4	4	0
酒鬼酒	1	5	4	浔兴股份	2	2	0	澳洋顺昌	2	2	0
北京旅游	1	3	2	海翔药业	2	3	1	联化科技	2	3	1
中汇医药	1	8	7	冠福家用	1	2	1	升达林业	7	3	4
桑德环境	5	5	0	广博股份	2	2	0	伊立浦	7	3	4
四川圣达	4	2	2	信隆实业	2	2	0	恩华药业	4	4	0
东方雨虹	4	4	0	沧州明珠	2	3	1	美邦服饰	4	4	0

　　用SPSS对结果作频数分析,可以得到表6-11至表6-12。用因子得分聚类的结果显示,将样本分为8类,其中第一、第二、第三类较多,分别为41、73和53家,占到总样本量的22.4%、39.9%和29.0%,其余各类相对较少;用托宾Q值分为8类的结果显示,前四类占到了总样本量的92.9%;重要的是误差的统计显示,样本归类误差为0的企业共有106家,占总样本的57.9%,误差为1和2的企业分为40和22家,分别占总样本量的21.9%和12%。而剩余的总共只占8.1%,是比较少的比例。以上的误差分析说明,在一定程度上,根据伦理资本大小得到的因子得分结果的聚类和企业绩效衡量值托宾Q值聚类之间存在一定比例的一致性,能使我们相信,在很大程度上伦理资本对企业绩效是有正向影响的。以此证明了本章前面提出的理论假设。

表 6-11   因子得分聚类结果描述

		Frequency	Percent	Valid Percent	Cumulative Percent
Valid	1.00	41	22.4	22.4	22.4
	2.00	73	39.9	39.9	62.3
	3.00	1	0.5	0.5	62.8
	4.00	53	29.0	29.0	91.8
	5.00	2	1.1	1.1	92.9
	6.00	5	2.7	2.7	95.6
	7.00	6	3.3	3.3	98.9
	8.00	2	1.1	1.1	100.0
	Total	183	100.0	100.0	

表 6-12   托宾 Q 值聚类结果

		Frequency	Percent	Valid Percent	Cumulative Percent
Valid	1.00	15	8.2	8.2	8.2
	2.00	58	31.7	31.7	39.9
	3.00	42	23.0	23.0	62.8
	4.00	54	29.5	29.5	92.3
	5.00	6	3.3	3.3	95.6
	6.00	4	2.2	2.2	97.8
	7.00	3	1.6	1.6	99.5
	8.00	1	0.5	0.5	100.0
	Total	183	100.0	100.0	

表6-13　　　　　　　　误差绝对值统计

		Frequency	Percent	Valid Percent	Cumulative Percent
Valid	0.00	106	57.9	57.9	57.9
	1.00	40	21.9	21.9	79.8
	2.00	22	12.0	12.0	91.8
	4.00	7	3.8	3.8	95.6
	5.00	3	1.6	1.6	97.3
	6.00	2	1.1	1.1	98.4
	7.00	3	1.6	1.6	100.0
	Total	183	100.0	100.0	

综上所述，以深交所上市的民营企业为样本，根据第三章选用的伦理能力和伦理品质在国泰安数据库和证券交易所中收集数据并进行整理，采用主成分分析进行主要指标的删选得到11个主因子，并以因子得分的结果进行聚类分析，将样本分为8类，同时以托宾Q值为样本企业绩效的衡量值，进行聚类分析。两次聚类结果将相同类的结果为57.9%，在一定程度上显示了伦理资本和企业绩效的一致性。

五、实证研究结论和建议

（一）实证研究结论

研究伦理资本在理论和时间上都具有一定难度。对伦理资本进行分析时就面临着这两方面的困难，致使本研究的实例分析在数据和指标分析上显得比较粗糙，分析方法也相对简单。一来本研究并没有采用严格的数理模型，只是采用了因子得分的聚类结果来进行误差分析，使得实证分析的严密性略嫌不够，结构的精确性方面虽然采用的是绝对误差，具有一定的逻辑角度，但准确性有待加强。二来本研究采用的样本是民营企业，并不具有典型的代表性，同时由于各行各业的标准不一，也只能在一定的程度上说明问题，而不是绝对的放之四海而皆准。但由于我国的伦理体系建设正处于初步起始阶段，伦理信息的资源化和公开化有限，企业的伦理资本价值并没有在市场经济中得到有效的体现。笔者也只能从较为熟悉的行业和公司着手研究伦理资本和企业绩效的关系。三来在伦理资本价值大小的评价指标上，本研究借鉴了较为全面的评级指标，但由于信息收集的难度，很多指标，特别是定性的一些指标，企业并没有进行公开，在最后的整理中只能进行删除，必然会引起一定的误差。同时财务指标的客观和准确性一直是被大家怀疑的。本研究虽然在数据的选取上尽量做到了公平和客观，也采用了平均值的做法，但并不能完全排除对这些指标可信性的质疑。

因此，本章实证结果只能在一定程度上对伦理资本对企业绩效的作用作出较浅显的探究，抛砖引玉。尽管如此，资本的价值本来就是相对的而不是绝对的。通过对民营上市公司所具有的伦理资本价值的一定分析，也有助于我们进一步深化对伦理资本的认识。希望在以后的研究中能够对企业伦理资本对企业绩效的具体影响大小进行进一步的探索。

（二）研究建议

社会是不断发展的。在市场经济的主导下，商家们开辟了一个个的市场，商机不断地被发掘和开发。如今，除了水电等有限能源以及国家支出的公共设施，绝大多数的行业都出现了供过于求的现状。怎么创新，怎么开发新的生产要素和市场以及建立企业独特的核心竞争力，已经成为困扰企业家们的难题。伦理资本的出现，无疑是一盏指路明灯。人们也逐渐认识到了这一基本要素的重要性。

1. 伦理资本具有不可忽视的积极作用，企业和个人等市场主体应充分挖掘自身的伦理资本资源

人与人之间的经济交易活动是现代市场经济活动中最基本的活动，这项活动存在一个直接的"可信度"的判断前提，也就是这个交易对手可不可信，值不值得交往。在经济伦理进程度日益提高的情况下，交易对象的可信度受到比交易物的可信度更高的重视。不言而明，市场主体的守信受益和他的诚信程度是成正比的，形成的伦理资本也是如此。身处在市场环境中，蕴含在市场主体身上的伦理资本就能够发挥作用，综合影响经济交易行为。因此，市场主体应该坚守诚实守信的理念，加强伦理管理能力，维护良好的信誉，支持和促进市场主体的生存和发展。

2. 民营企业协会及其基层组织应充分发挥在伦理体系建设中的作用

在这方面，江苏省是一个很好的例子，尤其是南京市民营企业基层党支部在民营企业伦理建设及其发展中发挥了重要的作用。民营企业协会及其基层组织除了引导、鼓励民营企业家敬业、再创业，支持、帮助民营企业创优、做强、做大，还应：强化企业会员的守信和维权意识，引导和帮助民营企业建立健全伦理管理制度，制订民营企业伦理发展规划并创造条件建立伦理信息数据库，以建立一套企业成长性的企业绩效评价系统，对民营企业伦理现状和在未来的发展潜力进行评价，并积极开展民营企业跟踪调查和联合征信活动，对一些资信度高、成长性好、有融资需求的民营企业提供及时便利的支持；提出有关的立法建议，建立民营企业失信惩戒机制，合法地对严重失信者施以惩罚，改善民营企业的伦理秩序。

3. 加快推进社会主义伦理体系建设

伦理管理制度是伦理资本发展的重要前提。结合社会伦理

体系的建设，在立法上也逐步建成一系列的伦理管理法律体系。在加快伦理管理法律制度建设中，其核心是界定和处理好政府政务信息公开与保护国家经济安全的关系、公开伦理信息和保护商业秘密以及消费者个人隐私。在立法上，主要应包括以下几个方面：①明确伦理信息征集宗旨，明确界定伦理信息采集范围，规定和规范信息存储和披露方式；②加强征信活动的管理，规范征信机构的市场行为。明确规定征信机构的准入条件、经营范围和管理制度。加强《会计法》《统计法》《商业银行法》《商标法》《合同法》《知识产权保护条例》和《储蓄存款管理条例》等法律法规中的有关条款的修改和完善，保障征信评信和授信受信的顺利开展和稳步扩大，真正让企业体会到伦理资本的实际价值和作用。

4. 促进伦理信息资源的共享机制

一是政府加强信息公开。我国主要的伦理信息资源由行政机关、司法机关、具有行政管理职能的社会团体所掌握，因此，应在不违背"政务信息公开为原则、不公开为例外"的要求前提下，逐步加快政务信息公开的立法。深圳市出台了《深圳市政府信息网上公开办法》，湖北省出台了《湖北省政府信息公开规定》，湖南省颁布了《湖南省伦理信息管理办法》，都颇有成效，这些效果也加强了我们加强全国性的伦理信息共享的法律法规，建立全国性的伦理信息共享机制，促进伦理信息资源充分分享的信心。二是要规范伦理信息的共享行为。网络的发展为我们信息共享和沟通建立了良好的平台，但同时也带来了例如隐私和机密外泄的隐患。因此在加快建立信息共享的同时，也应加强对政务信息资源与其他伦理信息资源的互联互通、公共征信机构的伦理信息与商业征信机构的伦理信息之间的互联互通、企业伦理信息与个人伦理信息的互联互通以及伦理信息的传输等之间的规定。三是建立国家伦理信息共享系统。目前中国人民银行已经建立了企业和个人的伦理查询栏目，但总体上是供个人进行查询。国家在建立伦理信息共享系统中，在国家层面，以中国人民银行的企业伦理数据库和个人伦理数据库为核心，整合了国家各部委掌握的伦理信息资源。按照同样的框架，各级地方也可以建立伦理信息数据库，各数据库之间设立标准化的连接传输接口。同时也要规范伦理信息的采集、存储、处理和应用的流程，构建全国各行业、各地区的伦理信息系统。伦理信息系统的主要功能是为了国家和各级政府进行宏观经济决策和政策支持等提供相应的参考，而不是以盈利为目的的。

第七章 民营企业绩效管理的现状分析及现实选择
——以重庆市民营企业为例

第一节 当前重庆市民营企业绩效管理现状分析

改革开放以来，重庆市民营企业发展迅速，为重庆市经济的发展注入了无限的生机和活力。2008年全市民营经济增加值占重庆GDP的比重已经连续四年超过50%，销售收入超过100亿元的民营企业达到5家。民营企业已经成为推动重庆市经济发展的生力军，为重庆市经济做出了不可泯灭的贡献。面对2008年全球金融危机，虽然重庆市民营经济继续稳步增长，但也暴露出不少问题，尤其是财务方面存在诸多问题，主要表现在：①民营企业"新三角债"现象严重。"新三角债"涉及面广，不仅有国内的，还有国际的，不仅牵涉上游企业与下游企业的关系，还涉及国内与国外的关系等。金融危机环境下，诸多企业日益严重的伦理危机导致资金链断裂的风险加大。②注重短期利润，忽视员工利益。重庆市中小企业局2008年末调查了巴南区八家摩托车及配件企业后发现，航天巴山摩托车制造有限公司和光宇摩托车制造有限公司两家企业已分别裁员100人和175人，分别占原有员工数的8%和47%。大规模裁员向市场传递了企业财务状况和经营成果不佳的信息，企业伦理下降的可能性增大。③融资渠道困难。由于资产规模不够大、担保不足等原因，重庆市民营企业难以通过发行股票、债券方式融资，而是通过民间高利率借贷。据重庆工商联对90家民营企业的抽样调查，2008年1～10月共有12家（占总数的13.33%）通过民间借贷8 397万元，共支付利息约1 100万元，比支付同期银行利息高出近50%。重庆市民营企业的财务问题已严重制约了其可持续发展。民营企业如何实现财务绩效可持续既是一个现实问题，也是国内企业参与国内外竞争、提高国际竞争力面临的新挑战。

本书就民营企业的外部环境和内部环境着手，分析民营企业绩效管理的现状。

一、外部环境分析

（一）市场行业环境

2006年9月6日世界银行国际金融公司公布的《2006—2007全球商业环境报告》显示，2006年中国的综合商业环境排名比2005年提升了15位，居第93位，但在175个经济体中仍属中等偏下水平。其中申请许可排名第78位，投资者保护排名第83位，获得信贷排名第101位，开办企业排名第128位，行业经营许可排名第153位，缴纳税款排名第168位。其结论是：中国经济仍然是被政府高度管制的经济。这些评价结果能够比较真实地反映民营经济的情况，说明我国的市场环境特别是民营企业的生存环境仍须加大力度进行改善。

市场准入门槛过高、过窄是影响重庆民营经济快速发展的一个重要原因。尽管《关于鼓励支持和引导个体私营等非公有制经济发展的若干意见》（简称为"非公经济 36 条"）在国家政策层面为民营经济发展进一步扫清了障碍，目前我国民营企业发展遇到的最大外部环境问题仍是市场准入问题。一些行政垄断部门和行业、公用事业和基础设施领域，如通信、广电、邮政、电力、金融等以资本实力、技术水平和从业资历等各种理由抬高行业准入门槛，民营企业实际上进不去。

2006 年，在中央强调鼓励发展民营经济方针政策的推动下，铁路、民航、邮政等部门推出了鼓励非公有制资本进入相关行业领域的措施，有关部门还改变了民营资本进入军工、石油石化领域的政策。根据中国改革发展研究院发布的《2007 年中国改革评估报告》，民营企业从以轻工纺织、普通机械、建筑、运输、商贸和服务等领域为主，开始向重化工业、基础设施、公用事业等领域拓展。据统计，在 40 个工业行业中，民营经济在 27 个行业中的比重已超过 50%，在部分行业已经占到 70% 以上。近几年，在重化工、基础设施、冶金、汽车、电力等行业，已经出现了投资规模几亿、几十亿、上百亿的民营企业。钢铁产量超过 100 万吨的民营企业已经有 10 家，全国有 30 多家民营企业从事汽车整体生产。

（二）融资环境

资金的缺乏是制约重庆民营企业发展的一大"瓶颈"，民营企业融资难一直是个老问题。不解决民营企业的融资问题，民营经济的经济增长方式无法根本转换，难以具有自主创新能力，更不可能实现"走出去"的战略。从 2004 年开始，政府提高了许多行业企业信贷时自有资金的条件和行业进入的技术标准，这些措施对宏观调控来讲是必要的，但是在这些条件和标准下，民营企业和国有以及"三资企业"相比，处于不利的地位。

财政部表示，"十一五"期间，财政将着力营造中小企业发展的良好外部环境，建立激励中小企业发展的机制。财政部将考虑对小型微利企业给予必要的税收优惠；加大对中小企业服务体系建设的支持；为中小企业融资创造更加有利的条件。目前，国家已经增设了中小企业创新基金、中小企业发展专项资金、中小企业服务体系专项补助资金等政策性资金。专项资金的支持方式采用无偿资助或贷款贴息方式。无偿资助的额度一般在200万元以内；贴息期限一般不超过两年，贴息额度最多不超过200万元。中央财政预算安排的2亿元专项资金，共支持321户中小企业技术进步和结构调整项目，带动了约76亿元的社会投资。

2006年1月，中国人民银行、财政部、劳动和社会保障部联合发布《关于改进和完善小额担保贷款政策的通知》，提出要进一步扩大小额担保贷款对象范围，要进一步发挥劳动密集型小企业带动就业的作用，推进建立创业培训与小额担保贷款的联动机制等。金融部门努力缓解中小企业发展的资金瓶颈，大力推动伦理担保体系建设，中小企业融资担保工作取得积极进展。截至2006年10月底，主要银行金融机构（3家政策银行、3家国有商业银行、13家全国股份制商业银行）小企业贷款余额2.68万亿元，比年初净增2 057亿元，授信总额比当年增加5 070亿元，授信中小企业485万户，比年初增加1.7万户；全国已设立各类中小企业担保机构2 914家，累计为26万家中小企业提供了担保服务，担保总额4 674亿元；积极推进中小企业伦理服务体系建设，2003年国家开发银行与国家发展改革委选择了重庆、长春、烟台、太原等六省市作为中小企业贷款试点后，逐步向全国推开。

尽管2006年的货币投放规模和贷款的增长速度较高，民营企业仍感到资金紧张。50.8%的经营者认为企业目前资金情况"紧张"；55.9%的经营者认为从银行贷款"较难"或"很难"，这一比例比国有及国有控股公司高近10个百分点；40.2%的企业经营者认为从民间渠道筹资的难易程度"一般"，42.3%认为"较难"或"很难"。大型企业目前的资金获取情况要明显好于中小型企业。

（三）税收环境

目前对民营企业的税收政策还存在一些歧视现象，没有做到对国企、民营企业和外企一视同仁。如对于计税工资，外资企业据实扣除，国有和国有控股企业实行工效挂钩办法，基本做到全额税前扣除，而非公企业只能按每月 1 600 元的标准扣除，其他合理工资支出则得不到补偿，实际承担了更多的税负。又如，由于税制的不统一，内外资税负不平等，外资享受了"超国民待遇"，而内资非公企业却享受不到"国民待遇"。《所得税法（草案）》已经决定两税合并，但在民营企业中还存在着既要缴企业所得税又要缴个人所得税的双重征税问题。在增值税政策方面，一些非公有制企业由于没法开具增值税发票，政府和企事业单位很少到它们那里采购。再如，财政部、国家税总关于邮政普遍服务和特殊服务免营业税的通知中就没有相关民营企业享受减免营业税的内容。还有捐赠免税问题、部门之间交叉执法重复收费等问题。

2006 年，为了促进个体民营经济发展，国家税务总局出台了一些税收政策，调高了针对个体工商户增值税和营业税的起征点，个体工商户月销售额 5 000 元以上的才征收增值税或营业税。7 月 1 日开始，调整个体工商户、个人独资企业和合伙企业投资者的个税费用扣除标准，由原来的 800 元提高到 1 600 元。

（四）政策环境

民营经济发展的政策环境不平等，与政府在资源配置和经济管理中的力量太大且随意性太强有极大关系，主要体现就是复杂繁琐的审批制度（包括重新登记、检查验收等各种制度）。复杂繁琐的审批制度在民营经济发展的具体活动中，如注册、征地、取得经营许可、进入新的行业、投资立项、兼并收购等具体活动中，对民营经济的制约比对公有制经济的制约要大得多，因为公有制经济在几乎所有的领域都是"已进入者"，不需要再通过审批，而民营经济在许多领域是"未进入者"，需要通过审批；在处理公有制经济的审批中，又有出于社会稳定等政治需要而放宽尺度、实行倾斜政策。政府存在"重国企轻民营"的现象：对民营经济不敢放手发展，缺乏主动性；监管国有企业松，监管民营企业严。一些部门受传统的观念影响与习惯制约，在实际管理上对民营企业仍抱不太信任的态度，以致在具体工作上或有意或无意、或直接或间接地限制民营企业。

目前，政府部门在逐渐转变观念，改进监管。比如，国家发改委等部门积极履行推动发展和深化改革的职责，在编制发展规划、拟定改革方案、制定经济政策、实施宏观调控、核准重大项目、安排政府投资等各项工作中，都注意体现支持民营经济发展的要求，注意从过去单纯地为国有经济服务，转向公平地为各种所有制企业提供服务。根据重庆市政府拟订的非公经济发展规划，预计到2010年，民营经济占重庆GDP的比重将超过70%，非公经济增加值3 700亿元。重庆是全国第一个专门针对非公经济拟订五年规划的城市。

（五）人力资源环境

目前，重庆市民营企业仍然没有走出这样一种历史尴尬：人力资源就业的民营与国营之别。很多民营企业人力资源管理问题都源于户籍、住房、子女教育、社会保障等方面，这些把民营企业人力资源排除在外；各级政府宏观人事政策对民营企业人力资源支援不足；民营企业人力资源管理极为被动，在选招员工时处于弱势；在员工任用上，没有国有部门的长袖善舞，总是捉襟见肘；在员工教育方面，先天不足，因缺少历史联系，不能有效利用现有体制内的教育培训资源；在留住员工方面，能够克服关键员工流动的措施单一，尤其缺乏体制内的留人手段。在上述因素作用下，民营企业人力资源结构相对单一，即以农村人力资源和大专以下学历人力资源为主。

二、重庆市民营企业内部环境分析

在加入 WTO 之后经济竞争日益国际化的大背景下，我国民营经济的整体实力还较弱。个体民营经济的产业分布较窄，主要分布在第三产业，特别是餐饮、商业、运输和其他社会服务业，以及一些进入障碍比较低的制造业。民营部门的企业规模普遍较小、实力较弱。尽管近几年出现了一些规模较大的民营企业，但绝大部分民营企业的规模还较小，实力较弱，抗风险能力较差，容易出现歇业、关闭等情形。即使那些规模较大的民营企业，在资产规模、整体实力方面与国有企业有较大差距，与国际上同行业大企业的差距更大。个体民营经济的发展在各地区之间不平衡，大部分个体民营企业分布在东南沿海地区，特别是在浙江、江苏、广东等地区，西部地区的个体民营经济发展要缓慢得多。

重庆市民营企业既有单一业主制企业，也有合伙制企业、共有制企业，还出现了家族成员保持临界控制权的企业集团。民营企业自身的特点可以概括为：关键职位家族化，员工工作主动性与积极性无法得到充分的发挥，企业用人标准频繁变化，企业缺乏凝聚力，管理人员综合素质偏低，员工缺乏安全感和对企业的认同感，劳资双方互存有戒心。民营企业这一系列的自身特点导致其绩效管理存在很多的问题。下面我们就从重庆市民营企业绩效管理的认识层面、制度层面、操作层面来对这些问题进行分析。

（一）管理者在企业绩效管理的认识层面存在误区

由于民营企业自身的历史和现实原因，目前民营企业的大多数经理人员的观念还处在经验管理时期，他们没有理解绩效管理系统的真实含义，对绩效管理实施目的不明确，更谈不上将战略目标合理分解执行。科学的企业绩效管理由绩效计划、业绩指导和绩效评价三大部分组成。他们往往存在将绩效考核当成绩效管理的全部工作的误区，甚至将绩效管理单纯理解为财务指标评价。

企业都在追求指标体系的全面和完整，如何使考核的标准尽可能地量化和有可操作性，但与绩效计划相结合却考虑不同。管理者在考核之前没有和员工进行充分的沟通，过多关注员工现在是否遵守行为规范，忽略未来的发展和变化。绩效管理目标执行不力，绩效考评流于形式，绩效管理成为每年一度的例行公事。他们采取的考核方法大多表现为静态考核，而不是根据新形式需要而动态发展，当然其考核结果无法实现企业人力资源管理的人员信息反馈机制和人员行为的激励机制，最终导致绩效管理工作的失败。

（二）企业绩效管理的制度层面存在不合理

在实践中，很多民营企业的绩效考核往往没有明确的指标体系，随意性很大，使得经理层认为绩效管理就是企业赋予自己的权限，自己随意决定对员工的奖惩。此外，大多数民营企业没有设定经理层的绩效考核机制，使得经理人员没有紧迫感，没有做好绩效管理的压力。同时，企业制定的绩效管理制度可控性差，不确定因素多，难以进行正确考核，企业目标与个人关系不大，工作业绩与个人利益关系不大，企业没有给员工以稳定感、安全感和荣誉感。

由于民营企业的管理制度不规范，没有正常的评价机制，人们的工作不全是以业绩为导向的，没有形成以业绩为驱动力的良性发展模式，人们容易把工夫花在如何与老板搞好关系上，而不重视自己的工作业绩。在激励杠杆上，大多数民营企业目前的激励杠杆尚未发挥明显作用。

（三）企业绩效管理在操作层面存在的问题

1. 绩效管理计划制订不合理

第一，绩效制定程序不合理。在实际操作中，业务部门主管只做一些关于实施绩效管理的指示，没有很好地参与绩效制定。第二，考核尺度缺乏客观性。中小民营企业受规模等因素限制，绩效标准往往由企业主说了算，不能有效反映员工的岗位特点。在指标设计中，定性指标远远多于定量的指标，而且往往也没有明确的评价标准和客观的尺度。第三，指标的设计缺乏动态性。很多企业设计的考核指标长期不变，没有根据组织环境的变化相应地调整考核指标。第四，重点目标不够突出，很多企业盲目追求绩效目标的"全面性"。此外，企业在设计绩效管理指标是缺乏实际经验，造成了许多考核指标的设定不合理。

2. 绩效考核不规范

由于民营企业的特点，大部分民营企业考评方式一般是采取员工自评在先，然后由上级对下属进行审查或考评，或是安排一人负责对所有岗位进行考评，最后作出一个综合的评价作为考评结果。这样容易造成考评者与员工私人感情的好坏、个人的偏见等非客观因素影响绩效考评的结果，失去绩效考评的权威性，也会淡化绩效考评对员工的激励督促功能。在实际操作当中，民营企业往往出现无法考核高层领导的情况。作为总经理的直接下属，公司的高层领导常常没有与员工一视同仁的业绩考核表，即便有，也是流于形式。

民营企业在实际考评工作中，往往由于业务繁忙等原因，延长考评周期，甚至停止考评活动。这样，一方面，考评人和被考评人都容易对绩效考评产生一种走过场的感觉；另一方面，员工对自己的工作不能及时获得反馈信息，工作的不足不能及时发现并加以修正，不利于其工作绩效的提高。

在中小民营企业中，一个普遍的认识是，绩效管理是人力资源管理的一部分，由人力资源部来做，总经理只做一些关于实施绩效管理的指示，业务经理只做一些具体的填表工作，剩下的工作全部交给人力资源部。这是绩效管理过程常见的角色分配上的错误。

3. 绩效实施与管理缺乏沟通

沟通在业绩指导中至关重要，是企业实现绩效管理目标，乃至企业战略目标的关键所在。就目前情况看，大部分重庆市民营企业并未认识到沟通和共识的重要性，使经理和员工之间存在一些交流障碍，造成员工和经理之间认识的分歧。

在绩效管理工作中，一些管理者的工作往往只是对下属进行考核打分，实施考核后，也只是简单地将考核结果通知被考核者，甚至不允许员工有申诉的机会。有的甚至害怕员工知道结果，而对上司有意见，影响今后的工作。沟通应该贯穿于整个绩效管理过程当中，考核者的主观臆断很容易导致员工与管理者的对立行为，对于绩效管理工作的进一步开展极为不利。

4. 忽视绩效考核结果的应用

在民营企业中，企业管理者不清楚通过这个管理工具想得到什么，由绩效考核得到的结果会出现缺乏反馈的情况，原因一般有两种：第一种是绩效考核结果本身无令人信服的事实依托，考核者担心反馈会引起下属的不满；另一种绩效考核无反馈形式是指考核者由于考核者本人未能真正了解绩效考核的意义与目的，无能力将考核结果反馈给被考核者。这样绩效考核后，被考核者无从知道真实的考核结果，以至不知道从哪些方面进行改进。

有的企业将员工绩效考核结果信息根本不用，浪费了大量宝贵的资源和信息；有的企业仅将员工绩效考核结果单一地用于薪酬调整；还有些企业滥用员工绩效考核结果，严重地打击了员工的积极性。由此可见，目前的中小民营企业大都忽略了对员工进行绩效考核的根本目的是利用评估信息资源来对员工进行引导、帮助，激励员工端正态度，以期提高员工的能力，最终实现企业绩效的提升，也为企业人力资源管理的决策提供依据。

5. 绩效管理缺少正面企业文化的支持

企业文化多方面深刻地影响着人的行为，企业文化有正面的也有负面的。一些企业订了制度得不到执行，很重要的原因就是负面企业文化的影响，比如现在有的企业里不管定什么规章，员工都是一种满不在乎的态度。低诚信、低忠诚的企业文化，是由于企业出现过许多对制定的规章执行不力的现象后慢慢积淀而成的，并且对有效的绩效管理产生巨大的阻力。

第二节　当前民营企业绩效管理面临的现实选择——以重庆市为例

有资料统计：中国小型民营企业平均寿命仅为三年，大中型民营企业平均寿命为七年。重庆市的民营企业也没有逃脱这种厄运。大部分重庆市民营企业的发展轨迹都是这样：创业初期，企业领导人与亲戚、朋友携手共建，凭着自己敏锐的市场触觉和百折不挠的精神，破除重重困难，通过最原始的创业手段，凭着一股"敢把皇帝拉下马"的精神把企业创办起来。但是，随着公司的业务量扩大，组织机构扩充，公司人员增加，资金流量增大，企业的各种问题也随之出现。比如，内部管理混乱、家族成员对正规化管理进行抵触、企业内部派系形成、信息传递失真、组织涣散、市场滑坡、产品质量下降。经过几次剧烈阵痛，企业濒临倒闭或是申请破产。民营企业在"私"和"股"完成了以后还面临一个文化转换、观念更新、模式调整的深层次问题。

民营企业管理比较薄弱，导入绩效管理体系是民营企业面临的一项新的挑战。企业绩效管理面临的环境使得众多企业在很大程度上无法满足员工的需求，这样往往会使员工丧失个人的创造动力，失去勇于拼搏的积极精神，导致员工与企业之间的抵触，最终降低企业蓬勃发展的活力。

因此，我国民营企业在修正管理当中的各项弊端的同时，更要积极树立以人为本的绩效管理理念，提高全员绩效意识。民营企业在绩效管理过程中要坚持以人为本的思想，充分重视人、尊重人、开发人，并且将这种思想贯穿于绩效管理的各个阶段。管理者要帮助员工了解企业的目标和策略，并将自己的绩效与企业的战略、目标等结合。在绩效管理的准备阶段进行工作分析和素质测评，既要考虑到工作特殊性，又要注意到人的素质的个体差异，还要慎重考虑企业的文化、管理者的素质等因素，最好整个绩效管理体系的设计能保证员工的充分参与；在绩效管理的规划阶段，绩效管理主体和客体要进行充分沟通，使员工在绩效沟通中明确其绩效目标，从而制定出适合考评客体的绩效规划；在绩效管理实施阶段，应强调对绩效客体的工作辅助和各种资源的支持，对绩效客体的工作方向和成效进行有效控制；在绩效管理考评阶段，努力消除因考评主体的偏见而对客体的绩效结果造成评价偏差；在反馈阶段，绩效管理主体与客体双方开诚布公，各抒己见，最终达成一致意见；在绩效管理应用阶段，把绩效考评结果与职务晋升、加薪及培训等各种激励手段及时结合起来，给个人的发展提供有序、宽松的环境。只有尊重人、重视人，建立有正确伦理理念的绩效管理模式，重庆市民营企业才能更快更稳更持久地发展下去。综上所述，重庆市民营企业的绩效管理体系中融入企业伦理理念，是企业的现实选择。

第八章　基于伦理理念的民营企业绩效管理体系构建

第一节　构建绩效管理体系的目的及其设计思路

一、企业绩效管理的目的

（一）保证企业愿景目标的实现

绩效管理是人力资源管理的核心工作。企业通过对组织、个人的工作绩效的管理和评估，提高个人的工作能力和工作绩效，从而提高组织整体的工作效能，完善人力资源管理机制，最终实现企业愿景目标。

（二）促进组织和个人绩效改善

企业通过规范化的关键绩效、工作目标设定、沟通、绩效审查与反馈工作，改进和提高管理人员的管理能力和成效，促进被考核者工作方法和绩效的提升，最终实现组织整体工作方法和工作绩效的提升。

（三）作为利益分配的评判标准

正式的综合考核结果可作为物质激励（工资调整、奖金分配）和人员调整（人员晋升、降职调职）的依据，阶段的考核结果可作为日常精神激励的评判标准。

二、企业绩效管理体系设计的总体思路

重庆市民营企业绩效管理体系设计的总体思路应该是：融入企业伦理理念，以"安全生产"和"经济效益"为中心，以增强"价值创造力和可持续发展力"为落脚点，以全面建设"本质安全型"、"质量效益型"、"资源节约型"、"科技创新型"、"和谐发展型"的"五型企业"为目标。

首先，考核指标重点反映企业当年的价值创造能力，因为价值创造能力是企业核心竞争能力的外在表现。其次，评价指标集中反映企业的可持续发展能力，应包含定量评价指标和定性评价指标两部分内容。最后，有效的绩效管理核心是一系列管理活动的连续不断的循环过程，具体包括绩效计划、管理绩效、绩效考核和奖励绩效四个环节，一个绩效管理过程的结束，是另一个绩效管理过程的开始，通过这种整体性循环，个体和组织绩效才得以持续发展。因此，笔者结合企业伦理理念、相关的财务指标与非财务指标，从员工绩效、组织绩效以及企业绩效三方面构建一个完整的企业绩效管理体系，实现企业目标。

第二节　绩效管理体系设计原则

为了建立科学有效的绩效管理体系，在设计绩效管理体系时应遵循以下原则：

一、公开原则

绩效管理所有标准及流程以制度的形式明文规定，在公司内部形成确定的组织、时间、方法和标准，便于考核人与被考核人按照规范化的程序进行操作，以保证程序公平。

二、差异性原则

对不同部门、不同岗位进行绩效考核时，要根据不同的工作内容制定贴切的衡量标准，评估的结果要适当拉开差距，不搞平均主义。

三、全员参与原则

绩效管理要科学、有效地开展，必须依靠全体员工的共同参与和努力。在制定绩效目标时，只有通过员工和管理人员的充分沟通达成的目标，才会得到员工的认同。在绩效实施过程中，员工是主体，而在绩效考核中，员工的参与将提高绩效考核的公正性，绩效考核结果的运用和绩效的改善都离不开全体员工的共同参与。

四、常规性原则

各级管理者要将绩效管理作为自己的日常工作职责，对下属作出正确的评估是管理者重要的管理工作内容，绩效管理必须成为公司每一位管理者的常规性的管理工作。

五、持续沟通原则

持续沟通是现代绩效管理体系区别于传统绩效考核的重要标志，也是绩效管理得以实施的前提。从绩效目标的制定、绩效计划的形成、绩效实施过程中的绩效目标调整，绩效考核、绩效改进计划的制订以及员工培训的制定，都需要管理者和员工通过反复沟通来完成。

第三节　重庆市民营企业绩效管理体系构建
——基于伦理理念

　　企业的绩效产生了效益，而企业的绩效归根到底是部门和员工的绩效，因此绩效管理应该是企业管理中重要和核心的部分。对于企业而言，绩效管理体系是用来评价和提高整体绩效，获得薪酬、激励、培训等方面信息的依据；对于管理者而言，绩效管理是把握员工的工作绩效情况，推动员工的工作，提高员工业绩的重要工具；对于员工而言，通过绩效管理体系可使自身的绩效得到提高从而得到应得的激励。由于不同性质的企业制定的战略目标不同，绩效管理的方向也会有所不同。本书考虑到重庆市民营企业大多都是生产型企业，重点对重庆市生产型民营企业绩效管理体系进行设计，其他类型性质的企业可以借鉴。

　　对于绩效管理体系的构建，笔者认为应该从绩效管理活动的过程着手。有效的绩效管理核心是一系列管理活动连续不断的循环过程，具体包括绩效计划、管理绩效、绩效考核和奖励绩效四个环节。一个绩效管理过程的结束，是另一个绩效管理过程的开始，通过这种整体性循环，个体和组织绩效才得以持续发展。绩效管理过程如图 8 - 1 所示。

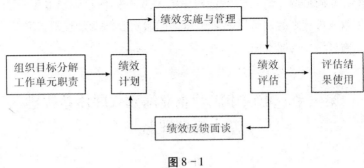

图 8 - 1

下文将按照绩效管理过程中的重要步骤——组织目标分解与工作单元职责、绩效计划、绩效考核体系的设立，对基于伦理理念的绩效管理体系进行分析构建。

一、组织目标分解与工作单元职责

美国著名管理大师彼得·德鲁克提出，他认为，"公司的使命和任务，必须转化为目标。如果一个领域没有目标，那么这个领域的工作就会受到忽视。"以工作岗位分析和岗位实际调查为基础，以客观准确的数据资料和各种原始记录为前提，明确绩效管理的重要意义和作用，制定出全面具体、切合实际，并且与公司的战略发展目标相一致的指标和标准体系，目标细化即考核指标要细，要做到横向到边、纵向到底。员工一定要清楚地了解他们的任务和目标，目标越明确，出来的效果越好，否则会造成考核不实，还会造成公司部门之间不平衡，公司总体战略目标的实现得不到充分保证。绩效管理应让每一个员工都有明确的权利，并承担明确的责任，清晰、合理的考核指标体系才具有大的激励性。管理者必须了解每位员工的具体工作，抓住工作要素，确定工作要领，制定考核标准。一项好的考核制度可达到的目标是：让被考核者觉得可以接受。绩效考评的指标最好要可量化，可以精确衡量和减少评估者主观的偏差，但追求一切衡量指标皆可量化亦不可取。对于非量化指标可以采用描述的方式区分，既可针对要素也可针对整体职能区分工作绩效状态，如优秀、称职、不称职等。

二、绩效计划

（一）绩效计划的制订过程

绩效管理整体构建应该能通过对整体目标进行分解，科学合理地设计出各级部门和员工的绩效目标，再将计划进行落实。绩效计划是企业管理者和员工讨论以确定员工、各部门以及企业自身在考核期内应该完成什么工作和达到什么样的绩效的过程。绩效管理过程通常从计划和设定目标开始，因此从某一角度来看，绩效计划是绩效管理过程的起点，也是绩效管理过程中最为重要的环节，是绩效管理其他环节的重要依据。

建立绩效计划（绩效契约）的过程就是一个双向选择的过程，也就是在绩效计划制订过程中，领导和下属对绩效计划的制订都负有责任，双方都应将各自的想法与对方交流。绩效计划的制订包括绩效计划准备、绩效计划沟通和绩效计划审定确认等环节。

1. 绩效计划准备

绩效计划准备包括信息准备和沟通准备。

（1）信息准备。要提高绩效计划沟通的效率，就要事先准备好相应的信息。这些准备信息主要是公司的发展战略规划、公司的年度经营计划、公司部门的工作目标和工作计划、员工个人的职责描述及员工上一绩效期间的绩效评估结果等。这些信息分三类：①公司的信息：员工、部门的绩效计划应与公司的绩效计划一致并支持公司的绩效计划。员工只有清楚公司的发展战略和经营目标，才能保证个人朝着正确的方向努力。

②部门的信息：部门的目标是由公司的目标分解而来的，应将部门的信息向员工宣传，使员工充分掌握部门的工作目标及重点。③员工的信息：员工的工作目标是由部门的工作目标和重点分解的，员工信息主要是岗位说明书和上一阶段的考核结果。

（2）沟通准备。在进行绩效计划沟通时，需要充分考虑到公司的企业文化、工作氛围、员工的性格特点及需要达成的工作目标的特点。管理者和员工沟通使得公司目标、部门目标和员工目标一致。各级管理人员还要关注员工的工作动向，及时提供业务上的指导和资源上的支持，促使员工完成个人目标，进而实现部门目标和公司目标。

2. 绩效计划沟通

管理者和员工经过充分彻底沟通，对员工在绩效期间的工作目标标准达成共识。

（1）沟通的原则。在进行沟通时，公司和部门的管理者应坚持平等原则、员工积极参与原则、帮助辅导和志愿支持原则等。

（2）沟通气氛要和谐。沟通双方应在没有干扰的情况下专心致志地沟通，意外的干扰会打扰沟通双方的思路，影响沟通的效果。沟通的气氛要和谐宽松，让员工畅所欲言，双方诚心交谈。

（3）沟通的过程。沟通的过程主要包括：回顾公司、部门的目标及完成意义、员工岗位职责及上一考核期间绩效考核结果等信息；确定本考核期的关键业绩考核指标、权重及考核标准；确定各考核指标的绩效目标或工作标准；确定管理者应提供的支持资源。

3. 绩效计划审定和确认

经过充分沟通，管理者和员工达成共识、审定和确定的内容有：员工的工作职责、工作重点；员工的业绩考核指标、权重及评价标准；员工完成绩效目标过程中管理者提供的资源支持；员工、部门和公司工作目标及相互之间的支持制约关系。达成共识后，形成绩效计划文档，包括关键绩效指标、各指标的绩效目标和工作标准、指标的权重及评价标准。绩效计划经双方审定后，签字确认。

（二）绩效计划制订的原则

1. 客观公正原则

绩效计划的制订要公平、透明，要有充分沟通，要做到系统、客观地评估绩效。

2. 参与原则

绩效管理过程需要企业全员参与，这就决定了在制订绩效计划时需要与各层次的员工沟通。只有员工与管理者有了更多的参与权与自主权，才能保证他们的个人目标与组织目标趋同，他们在工作中会更加积极，工作结果会更有成效。

3. 一致性原则

所谓一致性原则，就是在绩效考核的内容的选择上要紧紧围绕公司的战略目标，自上而下逐层进行分解、设计和选择。

4. 可行性原则

在制定关键绩效指标与战略目标时，员工一定要能够控制，要将其界定在员工的职责与权利以内，否则这个绩效计划的制订就如同纸上谈兵，没有实际用处。

5. 灵活性原则

由于在制订绩效计划的过程中不可预测的情况很多，我们不能以推迟决策时间来确保绩效计划的正常执行，所以，我们在制订绩效计划时要注重其灵活性。如果在制订绩效计划的灵活性上，正确把握绩效灵活性成本与未来意义事件引起损失的权衡，企业的绩效计划实施就会很成功。

（三）制订绩效计划的目的

绩效计划作为整个绩效管理体系的起点，在整个体系中占据了重要的意义。这个过程需要除了管理者的努力，还需要各级员工的大力配合。企业的各级领导和员工都应互相沟通，在绩效的构建上达成一致，才能发挥绩效体系建立的功效。绩效计划的制订对于整个绩效体系的建立来说起着重要的作用。

1. 保证计划贯彻实施

个人的工作计划要服从组织计划，同时，组织计划的实施依赖于员工的工作。因此，制订计划要充分听取员工的意见，这样员工才会有动力完成任务，并且会有一定的成就感。对于组织而言，员工执行计划的好坏也会直接影响组织的生存和发展。制订企业绩效计划，能够为企业的绩效管理工作的顺利进行提供保证。在绩效计划中提倡民主，要求绩效考评由上下级人员共同制订，而并不是单纯的上级指示、下级执行，这为企业绩效评价体系的实施提供了很好的基础。

2. 提供工作的方向和目标

在实践中，公司领导层如何有效地将本公司的战略传达给公司员工仍然是一大挑战。企业家制定的企业战略目标在传达给员工时，中间存在着信息鸿沟，大多数员工对本公司的战略没有概念。如果公司员工团队连企业的战略都不了解，我们又怎么期待他们能够理解自己所做的工作对实现企业战略目标做出了多少贡献？

总而言之，如何有效弥补企业家的战略目标同员工日常决策和行为之间的信息鸿沟，是每个企业都需要解决的难题。绩效计划解决了这个问题，员工有了目标，就能结合自身的优势，努力完成上级管理者传达的战略目标。此外，领导者能从绩效计划中系统地了解员工的相关情况，才能适时地给予支持和引导，并且提早采取风险防范措施，加强薄弱环节的控制等。

第四节　绩效评价体系

绩效考核是绩效管理的重要环节，绩效考核体系的合理设计对绩效管理的有效推进起着根本性的作用，也是绩效管理取得实效和绩效水平提升的关键所在。

一、确定绩效考核体系内容

绩效考核体系是公司内部部门及个人有关考核事项的说明，绩效考核体系的建立有利于评价员工的工作状况，是进行绩效管理的基础，也是绩效考核得以推进的保证。绩效考核体系由绩效考核周期、绩效考核内容、绩效考核者和被考核者等因素构成。我们构建绩效考核体系就是明确由谁负责绩效考核、对谁考核、考核哪些方面、考核周期为多长。

（一）被绩效考核者

被绩效考核者是绩效考核的主体。本书中被考核者分为部门和个人两类，即分别对企业员工和部门进行考核。

（二）绩效考核的内容

绩效考核的内容是绩效管理体系的核心内容，也是构建绩效管理体系最重要的环节。绩效考核一般应该是对被考核者的综合测评。

部门的考核内容：部门绩效考核一般以年初签订的业绩责任书或绩效合约为主，实行月度、季度和年度考核，且以关键业绩为主，同时加入满意度的考核内容。对部门绩效季度、年度考核结果应以关键业绩指标考核为主，以满意度考核指标为辅助指标，满意度所占权重应小，可占 10%～20%。

个人考核内容：公司经理考核以与公司签订的目标责任书为主，同时考虑员工的满意度；部门负责人绩效考核以与公司签订的部门绩效合约为主，以部门员工满意度考核为辅助指标；部门员工考核以与部门负责人签订的绩效合约为主要内容，以与协作部门的满意度为辅助指标。

（三）绩效考核的周期

绩效考核周期是指多长时间进行一次绩效考核。考核周期有固定时间间隔和非固定时间间隔，固定时间间隔一般为月度考核、季度考核和年度考核，非固定考核时间是即时考核，即完成一个项目或一个工作任务后进行的考核。

（四）绩效考核主体

绩效考核主体就是负责绩效考核的组织、部门或个人。

二、考核指标

考核指标及奖惩条款是目标责任书或绩效合约最主要的组成部分，一般情况下目标责任考核指标基本上都是结果考核指标，包括定性和定量指标。以企业业绩评价为例，企业的财务数据如净资产收益率、投资回报率等通常为定量的。但随着企业活动的复杂化，纯粹的财务指标已经不能反映企业绩效，社会对企业的考察也增加了更多的内容。例如平衡积分卡的评价方式上包含的客户、员工、学习等方面的考察从定量上是存在很大的困难的。随着企业社会责任概念的强化，产品质量、安全和合法性等问题更是企业评价中至关重要的指标，是企业考评的重大前提事项。

三、考核方法

（一）公司绩效模型

公司绩效模型和战略导向绩效指标分析是公司发展目标与

部门关键绩效考核指标相联系的桥梁，在公司战略及发展目标调整时，公司绩效模型也应相应调整，以指导管理工作。按照公司绩效模型设计部门关键绩效考核指标库和员工岗位关键绩效考核指标库，在绩效考核指标库提取指标并确定权重，对部门和员工进行绩效考核，这样绩效考核会具有很强的操作性。

（二）能力素质模型

公司在残酷的市场竞争中要形成核心竞争力，员工必须有相应的核心能力，这是公司发展的核心力量。能力素质模型就是用行为方式描述员工完成工作需要具备的知识、技巧、品质和工作能力。能力素质考核就是对员工能力素质是否适合岗位要求的考核。对公司来说，能力素质模型可推进公司核心能力构建和进行组织变革，建立高效的企业文化。对员工来说，能力素质模型为员工指明方向，使员工认识到做事的方式与方法等同重要，因而为此针对性地提高自己的能力素质。公司应激励员工不断提高能力素质，从而提高公司和员工绩效水平。能力素质模型主要包括个性品质、基本技能、管理技能和专业技能。能力素质模型要和人力资源管理工作相衔接，通过沟通、交流和培训，在公司上下做好宣传工作，让员工消除顾虑，并得到其认同和理解，确保能力素质模型取得实效。能力素质考核主要用于对个人的考核，广泛用于各级管理人员和员工的考核，可以采取上下级和平级进行360考核。

（三）满意度模型

公司部门和员工满意，才能形成客户满意，从而提高公司的竞争力。如果部门之间、员工之间满意度不高，会造成部门之间、员工之间的推诿、扯皮，工作就会拖拖拉拉，停滞不前，最终造成客户的不满。满意度模型包括客户满意度、员工满意度和部门满意度。

其他常见的方法：

1. 目标管理

"目标管理"的概念最早是由著名的管理大师德鲁克（P. Ducker）于1954年在其名著《管理实践》中提出来的。德鲁克认为，并不是有了工作才有了目标，而是相反，有了目标才能确定每个人的工作。他认为，"公司的使命和任务，必须转化为目标"，如果一个领域没有目标，那么这个领域的工作就会被忽视。因此管理者必须通过目标对下属进行管理。当组织的高层管理者确定了组织的目标后，必须对其进行有效分解，转变成为部门以及个人的目标，管理者根据分目标实现的情况对下属进行考核、评估和奖惩。目标管理的具体形式多种多样，但其基本内容是一致的。所谓目标管理，是一种程序或过程，它使组织的上级和下级一起协商，根据组织的使命确定一定时期内组织的总目标，由此决定上下级的责任和分目标，并把这些目标作为组织经营、评估和奖励的标准。

2. 关键绩效指标法（KPI）

"二八原理"是一个重要的管理原理，其内容是"总结果的80%是由总消耗时间中的20%所形成的。"按事情的"重要程度"编排事务优先次序的准则是建立在"重要的少数与琐碎的多数"的原理的基础上。因此，对必须抓住的关键行为进行分析和衡量，这样就能抓住绩效考评的重心。

关键绩效指标，是指公司宏观战略决策经过层层分解产生的可操作性的战术目标，是宏观战略决策执行效果的监测指针。它是把公司战略目标分解为可运作的操作目标的一种工具。关键绩效指标有两个基本特征，即定量化和行为化，也就是说，关键绩效指标是可操作性的战术目标，一个标准的东西要么是定量化的，要么是行为化的。如果一个所谓的不符合在定量化和行为化特征，该指标就不是一个合适的关键绩效指标。另外，关键绩效指标作为一种目标，也要符合所说的目标设定的 SMART 原则，即 specific（具体的）、measurable（可测量的）、attainable（可达到的）、relevant（相关的）、time based（时间的）。人们在制定工作目标或者任务目标时，考虑一下目标与计划是不是 SMART 化的。只有具备 SMART 化的计划才是具有良好可实施性的，也才能指导保证计划得以实现。关键绩效指标法考核体现了量化和突出主要矛盾的管理思想，考核对症下药，有助于迅速实现组织目标，在完成 KPI 设计后，操作比较简单方便，考核的结果直观。指标的设定通常是在公司战略分析基础上的，可以使绩效管理坚持战略导向。

3. 平衡记分卡法（BSC）

平衡记分卡（Balance Score Card，简称 BSC），是由哈佛大学教授 Robert Kaplan 和复兴方案公司总裁 David Norton 于 1992 年合作发明的方法，引发了一次绩效管理革命。平衡记分卡是一种多维管理体系，以战略目标为核心，通过四个层面，财务、顾客、内部运作流程及员工学习能力来实施策略管理，这四个方面分别用一系列的指标来描述，各个指标与公司的信息系统集成，四个方面的指标通过因果关系联系，构成一个完整的评价考核体系，充分地把公司的长期战略与公司的短期行动联系起来，把远景目标转化为一套系统的绩效考核指标。平衡记分卡最重要的特点是要和公司的战略、远景结合，并反映了平衡的思想，强调短期目标与长期目标间的平衡、内部因素与外部因素间的平衡，也强调结果的驱动因素。BSC 分析哪些是完成公司使命的关键成功因素以及评价这些关键成功因素的项目，并不断检查审核这一过程，以把握绩效评价，促使公司实现目标。建立平衡计分卡的中心工作是开发关键成功因素（CSF）

和关键绩效指标（KPI），分别反映了定性和定量的思想。平衡计分卡要求公司从四个不同维度来衡量绩效。其中，财务维度告诉公司管理者他们的努力是否对公司的经济收益产生了积极的作用，目标是解决"股东如何看待我们"这一类问题，是其他三个维度的出发点和归宿顾客维度体现了公司对外界变化的反映，目标是解决"顾客如何看待我们"这一类问题，从时间交货周期、质量、性能、服务和成本几个方面关注市场份额以及顾客的需求和满意程度内部流程维度是公司改善其经营业绩的重点，该维度的目标是解决"我们擅长什么"这一类问题，报告公司内部效率，关注导致公司整体绩效更好的过程、决策和行动，特别是对顾客满意度有重要影响的生产率、生产周期、成本、合格品率、新产品开发速度、出勤率等指标创新与学习维度的目标是解决"我们是在进步吗"这一类问题，将注意力引向公司未来成功的基础，指标涉及员工的能力、信息系统的能力、激励、授权与相互配合等。

　　根据企业的战略目标，把企业年度经营目标分解到员工、组织和企业整体，分解为几项关键任务，这样就形成了考核员工、部门和企业的绩效考核指标（KPI），在形成绩效计划过程中，企业良好的伦理理念有助于企业高层与部门、部门与员工的充分沟通。在沟通的过程中，本着"以人为本"的基本前提，要明确为了实现企业的年度经营目标，员工、部门在考核期内应该做什么以及应该将事情做到什么程度，同时也要明确员工、部门完成任务获得什么样的激励，如果完成不了任务，将获得什么样的处罚。明确了员工、部门的责、权、利，使绩效目标的设立成为引导员工在绩效目标的压力下，通过努力实现企业的目标和期望。因此，有效的绩效计划，是企业、部门和员工形成合力的一个有效平台，通过这个平台来共同完成企业的目标。

第五节 建立基于伦理理念的民营企业绩效管理评价体系

绩效管理的最终是为了促进企业实现价值最大化。融入了企业伦理理念的绩效管理应该以"安全生产"和"经济效益"为中心，以增强"价值创造力和可持续发展力"为落脚点，以全面建设"本质安全型"、"质量效益型"、"资源节约型"、"科技创新型"、"和谐发展型"的"五型企业"为目标。本书将分别以员工、部门和企业为评价客体，建立逐步层次的企业绩效评价体系。

一、企业员工考评

确定各部门考核指标是绩效计划的一个重要组成部分，但并不是全部，企业的各项工作归根结底是由每一个员工完成的，因此要把绩效考核落实到个人，这就有必要对个人制定绩效考核指标。企业个人的绩效考核指标是以对员工工作岗位分析、职位说明为基础。因此，员工个人的绩效考核指标是根据岗位群来划分的，同一部门的员工由于工作内容不同而绩效考核指标却不相一致；不同部门的员工因为工作内容和工作性质一致，其绩效考核指标却有可能相同。根据岗位群来划分，可以把企业员工分为普通生产工人、办公室普通职员、技术研发人员、产品模具设计人员、质量检验人员等多个岗位群。在岗位群内，其绩效考核指标相一致，这样在员工之间也就有对比性，促使员工努力改进工作方法，提高工作效率。在制定员工个人的绩效考核指标时，要考虑到员工个人绩效的高低既与员工个人的努力程度有关，也与部门绩效高低有关，这就避免了个人为了各自的绩效目标而忽视了部门的团队绩效，使员工个人绩效和部门绩效得到共同提高。企业在制定员工绩效管理考评体系核心指标时，要通过对每个职类的工作特点进行分析，将工作特点相似、可以采用同种绩效评价方式的职种合并，建立绩效考评体系。如表8-1所示：

表8-1 员工绩效指标表

类型	绩效评价特征	绩效评价方式
承担管理责任的各级管理者	基于业绩目标承诺完成和工作改进的业绩目标评价	业绩目标评价
业务或研发一般工作人员	基于目标制订的计划完成和工作改进评价	计划完成评价
行政类或事务类工作人员	基于职位负责任和例行工作完成评价	承担责任贡献评价
从事例行性工作人员	基于职位应负责任和例行工作完成评价工作量完成情况	工作量及准确性评价

以中层管理人员的个人绩效评价为例，该员工的指标评价必须包括的有：

（1）工作业绩。业绩考核是对被考核者履行岗位职责情况及工作计划完成情况的考察与评价，它是对被考核者对组织贡献大小的衡量，直接体现出被考核者在企业中价值的大小，与被考核者担当工作的重要性、复杂性和困难程度成正相关关系。职能部门作为辅助支持性部门，只有其整体效用发挥好了，才能真正发挥作用。部门绩效的好坏与部门领导有直接的关系。正是为了加强部门领导对本部门绩效的管理责任，所以将部门的绩效作为本部门中层管理人员的个人业绩来进行考核。

（2）工作态度。绩效＝结果＋过程，因此，考核内容不仅包括结果性指标，还应包括工作态度、工作表现等过程性指标。工作态度考核是针对工作过程的考核。工作态度是影响员工完成某项工作结果的行为、表现，是工作能力向工作业绩转换的"中介"，在很大程度上决定了能力向业绩的转化。工作态度考核意在引导员工认可企业绩效观，为企业文化建设发挥作用，以帮助员工以积极的精神面貌投身到工作中来。在以往项目调查问卷中，有90%以上的员工认为"工作态度对于做好本职工作很重要"。而且，针对"工作态度考核考什么？"的问题，通过以往调查发现，大部分中层管理人员认为工作态度的要求主要体现在敬业精神、团队精神、责任心、创新精神。

（3）管理责任中层管理人员作为一个管理者，必然对其下属负有指导培养等管理责任，因此，管理责任也应列入考核内容范围内。

蒙牛集团的企业格言有这么四句话："有德有才，破格重用；有德无才，培养使用；有才无德，限制录用；无德无才，坚决不用。"由此我们可以看出一个公司在评定员工时，不能仅仅看他的工作能力，员工的个人伦理道德同样重要。基于此，我们在制定员工的考核目标时要从员工的工作能力、个人伦理道德两方面入手。本章主要列出中级管理人员的绩效评价表（见表8－2），其他相关人员可作为参考。

表 8 - 2　　　　　　中层管理人员绩效评价表

被评价者姓名：		职位：	部门：
评价指标		分值	程 度 描 述
个人素质（20）	民主性（10）	5	民主性强
		4	民主性较强
		3	有民主性
		2	民主性较差
		1	民主性差
	品德修养（10）	5	谦虚谨慎，能坚持真理，修正错误
		4	坚持实事求是原则
		3	尚能实事求是
		2	作风浮夸，人云亦云
		1	表里不一，阳奉阴违
工作业绩（20）	办事效率（10）	10	速度超群
		8	速度在标准以上
		6	速度符合标准
		4	速度离标准还差一步
		2	离时间要求相差甚远
	工作质量（10）	10	工作质量无懈可击
		8	工作质量在标准以上
		6	工作质量符合标准
		4	在保持质量方面时有误差
		2	工作质量难以保证，需要经常检查其工作

工作态度(20)	责任心(5)	5	明确自己的岗位职责,自觉主动对自己的行为及后果负责
		4	在有上级监督的情况下,对自己的行为及后果负责
		3	在一般情况下,能够对自己的行为负责
		2	对工作中的失误,有时进行逃避,或推卸责任
		1	对工作中的失误经常逃避责任,爱发牢骚或者作各种辩解
	协作性(5)	5	能与同事很好地协作
		4	如没有上级的指标,则无论对谁都能积极协作
		3	没有突出的表现,但能与他人配合默契
		2	在某种时间和场合,协调性差
		1	与他人难以协调
	进取性(5)	5	总是怀有争先的欲望
		4	面对挑战充满激情
		3	对所办的事情,基本上有办好的愿望
		2	对于执行上级指示缺乏积极性
		1	完全不领会上级指示,缺乏积极性
	纪律性(5)	5	不仅能遵守规章制度,而且能以身作则为形成良好的工作秩序而努力
		4	能很好地遵守各项规章制度,维持公共场所的秩序
		3	大体上遵守规章制度,不服从命令的事少有发生
		2	不遵守规章制度,不服从命令的事时有发生
		1	经常发生不守纪律,不服从命令的事,必须再三提醒其注意
附表（40）【此项酌情加减分】			

表8-2(续)

员工自主认为需要设定的指标	自我评分	考评小组	考评得分
(1)			
(2)			
(3)			
员工的创新能力项目指标			
员工意见:			

需要解释的是,"专业技能"项根据特定单位具体情况对员工工作能力的要求而定,不同企业、不同部门对员工某一方面的技能要求不同。而且由于员工身处不同岗位与职务,所以其关键指标要根据类型的不同结合财务指标与非财务指标分别设置。而对于员工个人伦理道德考评体系,笔者主要是从其个人素质以及工作态度两方面出发,通过与员工的相互沟通,本着全员参与的原则进行考核。员工伦理道德考核的相关内容参照表8-3。对执行下表得到的分数,可以划分分数的等级,进行综合评定。

表8-3　　　　员工伦理道德考核表

员工姓名				职务			
部门				任职时间			
经理姓名				考核期间			
考评项目	考评要素	考评内容		标准分	自评	考评小组	考评得分
职业道德(40)	忠于职守 工作素质 团结精神 业务学习 服务态度	热爱本岗位工作 热爱集体,尊重领导,配合支持工作 关心他人,团结协作 钻研业务,勤奋好学,要求上进 对内外客户服务周到、热情		8 8 8 8 8			

表8-3(续)

工作态度 (40)	遵守制订 出勤情况 工作积极性 工作责任性 工作协调性	遵守公司各项规章制订 满勤 对高标准做好职务范围内业务 热情 完成本职工作得持续性和责任性 与同事、上司合作的情况	8 8 8 8 8		
附表（20）【此项酌情加减分】					
员工自主认为需要设定的指标			自我评分	考评小组	考评得分
（1）					
（2）					
（3）					
员工的创新能力项目指标					
员工意见：					

　　当然，本表是将指标所占的权重按固定的分数给出，这难免有不妥之处。各类指标以及各个评价主体所占的权重可以按层次分析法、模糊评价等方法给出，以避免绩效评价的主观性。在最后的结果中，不仅要统计出员工最后的综合成绩，还应该将员工在工作以及个人伦理两方面的成绩进行分项小计，得到两个考核分数。绩效评价只是绩效管理的过程，是企业管理的一种手段，重要的是根据考核结果我们应该采取怎样的措施，应该有一个怎样的考核处理参照标准贯穿企业伦理下的绩效评价体系，伦理方面的评价将起到重要的否决指标的作用。员工的态度决定了其投入，只有正确地看待自己在企业中所起到的作用和责任，才能最大地发挥自身的潜力，得到最终企业要求的目标。

图8-2　全程管理绩效图

评价结果是企业进行人员培训、任用、激励和薪酬制定的参考。"专"表示的是员工的工作能力，"红"表示的是员工的伦理道德水平，考核结果将员工分为了四类，坐标轴由此分为了四个区。第一区域的是"又专又红"的人，对这种德才兼备的员工应该进行奖励和晋升；第二区域的是"只专不红"的人，对这类员工要么谨慎录用，要么不用；第三区域的是"只红不专"的人，这类人有良好的品德，工作能力欠佳，可以留机会对他们进行培养；第四区域的是"不专不红"的人，这类人没有工作能力，也没有良好的品德，企业不应该继续聘用这种员工。

二、企业部门考评

为了达成企业的年度经营目标，就要把企业的总目标分解成研发、生产、销售等各分目标，根据部门的目标，分别设立几个关键指标，这些指标从不同角度来反映部门目标的实现情况。考核由指标名称、内涵、界定、评估标准、权重、数据来源和考核周期等部分组成。具体划分如表8-4所示：

表8-4　　　　　　　　部门绩效指标表

职 类	划分要素
管理类	对企业经营与管理系统的高效运行和经营管理决策的正确承担直接责任
技术类	对企业产品和技术在行业中的先进性承担直接责任
作业类	对产品产量、质量和生产成本承担直接责任
市场类	对企业产品的品牌及市场占有率承担直接责任
专业类	对为行政管理系统提供的专业管理咨询及管理服务的质量承担直接责任

部门的绩效评价主要包括：①部门业绩：绩效工作计划完成情况。绩效工作计划来自企业的总体目标。部门工作计划紧紧围绕企业的总体目标分解而来。每个企业，每年都有一个总体目标，每年都有工作的重点，每年都有管理的要点。要使职能部门员工的工作目标与企业的总体目标协调一致，方法只有一个，那就是：职能部门制定年度工作目标、季度目标时，要同企业的目标、工作重点、管理要点保持一致。②除部门工作计划之外的部门每季度工作中的重点、难点、需要强化的薄弱环节。③部门根据上级临时分配的任务追加的工作任务。职能部门员工的工作比较多样、繁杂，因此，在实际工作过程中，尤其是在管理还不太规范的企业，这种临时性突发工作任务比较多，有时还占很大的比重。这些工作任务如果不考虑在考核范围内，就不能完全衡量员工的业绩表现。④部门配合满意度。职能部门主要发挥指导、监督、服务的职能，他们本身并不能直接创造利润，而只能通过与其他部门的配合协作，促进企业业绩提升。在现代企业专业化分工越来越清晰的情况下，单靠某个部门或某个人是不能提高企业绩效的，这就要求部门之间必须加强相互配合协作，提高团队意识。虽然某项工作由某一部门承担，但是，其他部门配合的好坏将对该业务的完成情况产生重要影响。为了督促部门间更好地配合，笔者认为应该增加"部门配合满意度"评价。在参照有关文献资料的前提下，根据项目实践经验，部门配合满意度一般主要有"协作工作完成质量"、"配合工作完成效率"和"工作配合态度"三项评价指标。

表 8-5　　　　　组织内部工作进度的考评表

部门名称			部门属性					
负责人姓名			考核期间					
目标与 行动计划	考核 标准	关键指标用于 评估绩效	权重	当前 水平	自评	考评 小组	考评 得分

表 8-6　　　　　组织内部工作进度的考评表

部门名称		部门属性			
负责人姓名		考核期间			
考评项目	考评要素	自评	其他部门	考评小组	考评得分
团队精神	部门协作 服务态度				
工作态度	部门诚信 工作积极性 工作责任性 工作协调性				
附表：（部门说明书）					

三、企业自身考评

就企业整体而言，利益相关者是企业不得不考虑的一个重要因素，因此，我们根据利益相关者的期望，分别设立几个关键指标，这些指标从不同的角度反映企业目标的实现情况。如表 8-7 所示：

表 8 - 7 　　　　　　　　利益相关者绩效指标表

利益相关者	绩效评价特征
股东	企业经营目标的实现情况，企业利润实现情况
债权人	企业举债能力以及企业偿债能力
客户	企业的信誉度以及服务度
政府	企业的纳税情况以及社会责任的履行情况

　　针对企业而言，企业自身的利益固然重要，不过基于实现企业战略目的，提升企业核心竞争力的需要，企业也要考虑企业伦理道德的培养，比如企业社会责任、企业文化塑造、企业诚信等，因此有必要构建企业整套流程的五维一体的企业绩效评价体系。

　　借鉴经济增加值（EVA）、平衡记分卡以及杜邦分析法的思想，本套绩效评价体系通过对企业从最初的研发和筹资、生产、销售、利润分析、企业员工学习五方面进行研究及指标设计，初步建立企业绩效评价指标体系（见表 8 - 8），力求充分反映所有者（股东）财富最大化、债权人利益保障、员工权益保障、政府及社会群体公共收益保障、企业社会责任五方面的利益目标。按照评价与分析相结合的方法，设置定量评价和定性评价两类指标。对于权数方面的设定，笔者认为，按照国内外较为通用的指标权重确定规范，参照企业实际及经验分析，企业绩效指标的总权数为 100。在本套指标体系设计中，着重考虑企业经营管理的全过程各阶段的重要性，分别赋予不同的权重：

表 8-8　　　　　　　　企业绩效评价指标权数表

指标	权数	定量指标	定性指标
合计	100	70	30
企业筹资阶段	10	资产负债率，权益乘数，总资产周转率，市盈率	债权人的满意度 股东的满意度
企业生产阶段	15	能源消耗率，流动比率，环保投入，员工生产率，制造周期效率，产品合格率，质量成本	提供就业情况 安全生产情况 遵守法规情况
企业销售阶段	15	主营业务收入增长率，销售现金比，工资支付率，工资增长率，新产品销售率	市场占有率 顾客满意度 员工积极性
企业利润分析阶段	50	净资产收益率，经济增加值（EVA），主营业务净利率，总资产周转率，利息保障倍数，现金到期债务比，税金实缴率，税金增长率，员工保持率	经营管理能力 企业伦理等级 企业信誉情况 社会公益服务
企业员工学习和创新阶段	10	培训费用比率，培训费用增长率，新产品开发成功率，新产品开发周期	员工满意度 员工创新性 员工进步情况 技术创新能力

（1）本阶段是针对企业前三个阶段的总结，主要是利用相应的财务指标对企业的生产、经营结果以及未来的盈利能力的分析与总结，基于平衡积分卡将财务方面设为核心地位。利益相关者大多最关心此阶段，所以笔者认为此阶段至关重要，该部分权重应为最高，设为50。

（2）企业生产阶段与销售阶段对企业战略目标的实现、企业的发展同样都产生较大影响，所以地位较重要，这两阶段的权重次之，设为15。

（3）企业筹资阶段以及员工创新及学习阶段虽然对企业的战略目标实现有很重要的作用，但较前三个阶段，其影响力稍微次之，所以笔者把这两阶段的权重各设为10。

就划分定量指标与定性指标的权重而言，笔者根据国际上较为常规的做法，结合我国的评价实践，将定量部分权重定为70%，定性部分定为30%。

从上述企业三方面绩效评价不难看出，企业伦理理念的建立减少了评价指标实施中的难度。企业应具备以下企业伦理理念：务实精神、坦诚开放的氛围、公正的做事态度。更重要的是，企业需要有清晰的远景目标，并保证员工对企业目标的高度认同，由此产生的绩效评价体系会更好地应用到企业中去，也更能使债权人、所有者、顾客以及社会公众信服。在员工学习和创新阶段，学习与成长涉及企业潜在的长远利益，为强调人力资本而设计，它反映的是一个企业为保持长期的发展所必需的基础性投资状况，是提升企业核心竞争力的重要因素，是加强企业改进和创造未来价值能力的重要保证。员工是企业一切经营活动的主体，而流程改进和业绩提高往往取决于一线人员，因此对员工的再培训就显得尤为重要。稳定的领导团队和积极向上的员工集体是企业重要的资源。企业的激励机制也应能引导员工与企业共同成长和进步，激励和帮助员工在企业实现自身的价值，健康向上的企业伦理理念会使员工安心于此。此外，企业实现自身价值最大化，不仅仅是定义为股东价值最大化，还要注重企业伦理理念中的社会责任的承担，只有平衡两者的关系，遵守成本效益原则，企业设计的这套绩效评价体系才不会是纸上谈兵。

第九章　结语

　　自从重庆市直辖以来，在政府与民营企业的自身努力下，重庆市民营企业在总体上获得了很大的发展。进入 21 世纪，重庆市民营企业机遇与挑战同在，民营企业若想在全球经济竞争的冲击下获得进一步发展，成为重庆市的经济主体，就必须建立一套科学的绩效管理体系。

　　本书在收集整理重庆市民营企业资料过程中发现建立一套完善的绩效管理体系对重庆市民营企业的发展具有重要的意义。虽然重庆市有一部分民营企业已经拥有一套比较完善的绩效管理体系，但总体情况不容乐观。许多民营企业管理层对绩效管理意识薄弱，企业虽然有绩效管理体系，但经理层将企业绩效管理权限运用不得当，随意性很大，导致员工主动性与积极性无法得到充分发挥。

　　此外，调查还发现，导致重庆市民营企业绩效管理不尽如人意的根源是企业伦理理念的缺失。很多民营企业成立至今还没有自己的企业文化。企业伦理理念的缺失使企业缺乏凝聚力，员工缺乏安全感和对企业的认同感，劳资双方、产品供需双方互存戒心。

　　本书第二部分通过分析国内外企业伦理理念发展历程及其现实意义，发现企业拥有伦理理念是为了满足市场需要；企业拥有伦理理念是为了现代社会除了满足经济价值观念外，还要满足非经济价值观念的需要；民营企业强调伦理理念也是化解企业内部矛盾，加强企业内部团结，满足其发展成现代企业的需要。

本书第三部分为了有助于重庆市民营企业构建正确的绩效管理系统，我们分析了处于不同发展阶段绩效管理的特点，及其对世界绩效管理的发展做出的贡献。通过比较研究，本研究认为"以人为本"管理理论下的绩效管理方式集合了以往管理理论的优点，在价值取向上更加注重员工潜能绩效的开发，在管理操作中更加注重绩效的反馈和沟通。

本书第四部分论述了企业伦理与绩效管理的共同研究的理论基础。本研究认为，"以人为本"理论、激励理论和经济学理论是企业伦理与绩效管理互动研究的共同理论基础，其中，"以人为本"理论是构建和谐企业、和谐团队的理论基础，激励理论是创造企业、部门、个人可持续绩效的理论基础，经济学理论是企业伦理与绩效相融的理论基础。

本书第五部分是民营企业绩效管理与企业伦理理念关系的定性研究。我们重点研究了民营企业伦理、经营管理活动、绩效管理三者之间关系是什么，企业伦理与绩效管理互动的基础是什么，绩效管理与企业伦理互动研究的最终目的是什么。最后得出将企业伦理理念融入企业绩效管理，建立良好的企业伦理价值观，是当代市场经济和企业发展的一种明显的不可阻挡的历史趋势，也是企业健康、持续发展需要积极探索的领域。

本书第六部分是民营企业伦理与企业绩效管理关系的定量研究。本研究将伦理资本化于企业的经济管理绩效中，定量分析了伦理资本价值，并通过因子分析法、聚类分析法，通过实证的角度分析了伦理资本价值与企业绩效的正相关性问题。

本书第七部分探讨了当前重庆市民营企业绩效管理的问题

分析及现实选择。我们首先通过对当前重庆市民营企业绩效管理内外环境的分析，发现重庆市民营企业人力资源素质普遍不高，管理层在企业绩效管理的认识层面存在误区，企业存在制度层面上的不合理，在企业绩效管理操作层面上也存在很多问题。本章根据当前重庆市民营企业绩效管理体系的不足，提出了重庆市民营企业在建立绩效管理体系的现实选择是融入企业伦理理念，这样才能使企业更快、更稳、更持续地发展下去。

本书的第八部分具体讨论了重庆市民营企业绩效管理体系的构建。我们首先分析了企业构建绩效管理体系的目的，认为企业设计绩效管理体是为了实现企业绩效最大化。其次分析了企业绩效管理体系的总体设计思路：融入企业伦理理念，以"安全生产"和"经济效益"为中心，以增强"价值创造力和可持续发展力"为落脚点，以全面建设"本质安全型"、"质量效益型"、"资源节约型"、"科技创新型"、"和谐发展型"的"五型企业"为目标。然后还探讨了企业绩效管理体系设计应遵循的原则。最后本书从员工角度、组织角度、企业角度，依照绩效管理过程，融入企业伦理理念，构建了民营企业绩效管理体系。

参考文献

［1］王一兵. 伦理资本问题研究［M］. 北京：中国金融出版社，2008.

［2］宫剑. 民营企业伦理评级研究［D］. 吉林大学，2008.

［3］王一兵. 伦理资本理论研究的现实意义［J］. 金融博览，2006（7）：20-23.

［4］郭复初，郑亚光. 经济可持续发展财务论［M］. 北京：中国经济出版社，2006

［5］管晓永，孙伯灿. 中小企业伦理理论与评价研究［M］. 杭州：浙江大学出版社，2006.

［6］夏敏仁，林汉川. 企业伦理评级-基于国外经验的中国体系研究［M］. 上海：上海财经大学出版社，2006：95

［7］陈建. 伦理评分模型技术与应用［M］. 北京：中国财政经济出版社，2005.

［8］孙志英. 伦理问题的经济学分析［M］. 北京：中国城市出版社，2002.

［9］唐小惠. 诚信是一种资本——评《诚信》［J］. 财经理论与实践，2005（4）：43-48.

［10］肖金国. 把伦理资本转化为财富［J］. 经济研究参

考，2002（27）：28－32．

[11] 基于伦理评分模型的民营企业伦理评级研究［D］．广东商学院，2010．

[12] 中小企业伦理评级体系构建研究［D］．西北农林科技大学，2010．

[13] 非财务指标因素对企业伦理评级的影响研究［D］．吉林大学，2010．

[14] 郁俊莉，中小企业伦理资本形成机制及对融资支持的研究［J］．中南财经政法大学学报，2009（5）．

[15] 基于相对熵——灰色关联的上市中小企业伦理评价［D］．大连理工大学，2009．

[16] 姚文韵．基于企业价值可持续增长的财务战略研究［D］．南京林业大学，2008．

[17] 基于企业价值可持续增长的财务战略研究［D］．南京林业大学，2007．

[18] 周喜革．论伦理资本与财务管理目标的相关性［J］．西藏民族学院学报，2007（5）．

[19] 梁棋，王影．企业信誉风险预警的指标设计与模型应用［J］．企业天地，2007（4）：148－149．

[20] 沈红丽，金善女．基于因子分析的我国商业银行伦理等级的实证研究［J］．河北工业大学学报，2006，35（5）：56－60．

[21] 刘英泽，田玉敏．关于公司资本伦理和资产伦理的探讨［J］．经济与法，2006（2，上旬刊）．

[22] 裴益政，等．商业伦理与民营上市公司第二类代理问题：公司治理的伦理维度［J］．会计研究，2005（11）．

[23] 梁晓娟．伦理评价：中小企业融资瓶颈［J］．金融理论与实践，2005，（8）：46－48．

［24］张红波. 论企业伦理状况评价指标体系的构建［J］. 湘潭师范学院学报, 2004, 26 (2): 53 - 55.

［25］陈荣耀. 企业伦理——一种价值理念的创新［M］. 北京: 科学出版社, 2006.

［26］夏绪梅. 企业伦理学——转型经济条件下的企业伦理问题研究［M］. 北京: 科学出版社, 2008.

［27］周祖城. 企业伦理学［M］. 北京: 清华大学出版社, 2005.

［28］重庆市统计局. 重庆 2007 年统计年鉴［M］. 重庆: 重庆出版社, 2008.

［29］林家用. 发电企业有效绩效管理体系的构建［J］. 中国电力教育, 2010 (16): 230 - 232.

［30］孔亚琴, 许建飞. 基于灰色聚类的企业伦理能力评价研究［J］. 江苏科技大学学报 (社会科学版), 2006, 6 (3): 23 - 27.

［31］林巧萍. 企业伦理评价指标体系——企业评价指标体系中的新兴区域［J］. 现代商业, 2010 (5)

［32］齐善鸿, 王寿鹏. 企业道德管理的制度化和道德审计［J］. 财经问题研究, 2008 (7).

［33］Putnam R D. Making democracy work: civic traditions in modern italy. Princeton: Princeton University Press, 1993.

［34］Lik Miu. Computational models of trust and reputation: agents, evolutionary games, and social networks. Massachuetts Istitute of Technology, 2002 - 12 - 20.

［35］Petteri Nurmi. Bayesian game theory in practice: a framework for online reputation systems. Department of Computer Science Series of Publications C Report, C - 2005 - 10.

［36］Hall Chris, Yuan Fang. The role of banks in supporting

the growth of smes in apec; public private part - nerships to create a more conductive entrepreneurial environment in Asia [Z]. Asian Studies Association of Australian 15th Biennial Conference Canberra, 2004.

[37] W H Beaver. Financeal ratios as predictors of failue. empirical rearch in Accounting; selectedStudies, Supplementto Journal of Accounting Research, 1996, 4 : 71 - 111

[38] I Alman. Corporate financial distress: a complete guide to predicting, avoilding, and dealing with bankruptcy. Brain - Brum field Inc. , 1982